차 례

정리 솜씨가 서툰 사람도 방을 예쁘게 꾸밀 수 있는 특별 프로그램을 준비했습니다.

세련된 방 꾸미기 카탈로그 …………………………………………… 9
집사의 고민 상담실 ………………………………… 22·46·114·150

Lesson 1 누구나 방을 깨끗하게 치울 수 있다
누구나 손쉽게! 정리의 기술

기술 1 정리의 목적을 확실히 하자 ……………… 26
　　　📝 이상적인 내가 되기 위한 방 계획서 ………… 27

기술 2 정리를 못하는 이유를 파악하자 ………… 28
　　　어지르기 타입 테스트 …………………………… 30

기술 3 내 정리 타입을 알아보자 ………………… 32
　　　정리 타입 체크 …………………………………… 33

기술 4 정리의 기본을 익히자 …………………… 36
　　　Step1 분류하기 ………………………………… 37
　　　Step2 수납하기 ………………………………… 40
　　　Step3 유지하기 ………………………………… 42

기술 5 정리를 좋아해 보자 ……………………… 44

Lesson 2 : 깨끗한 방의 기본을 갖춰 보자 - 내 방 정리 정돈

어디서부터 시작해야 할까? ········· 50
　📝 정리 정돈 계획 메모 ········· 51

Part 1 공부 구역 정리 정돈 ········· 52
　Step 1 분류하기　아이템별, 사용하는 장소별로 나누자 ········· 52
　Step 2 수납하기　책상 주변의 배치를 생각하자 ········· 56

　이럴 땐 어쩌지? 공부 구역 Q&A
　　Q 책상이 없어 거실 탁자에서 공부해요 ········· 62
　　Q 주말이나 방학이 되면 방이 어질러져요 ········· 64

Part 2 패션 구역 정리 정돈 ········· 68
　Step 1 분류하기　아이템별로 나누자 ········· 68
　　　　　　　　　　옷을 계절별로 나누자 ········· 69

　옷은 이 정도만 있으면 OK! 계절별 옷장 ········· 70

　Step 2 수납하기　옷을 깔끔하게 수납하자 ········· 78
　　　　　　　　　★속옷&양말 ········· 81
　　　　　　　　　★윗옷 ········· 82
　　　　　　　　　★아래옷 ········· 85
　　　　　소품을 수납하자 ········· 86
　　　　　　★가방&모자/머플러/액세서리&헤어 액세서리
　　　　　　········· 87
　　　　　옷장 수납 예 ········· 88

가르쳐 줘! 패션 아이템 손질법  Q&A

Q 집에서 세탁해도 되는 옷과 안 되는 옷은? ……… 90
Q 다림질은 하는 게 좋을까? ……………………… 92
Q 계절이 지난 옷은 꼭 다시 집어넣어야 할까? … 94

Part 3 취미 구역 정리 정돈 ……… 98
Step 1 분류하기 종류별로 나누자 ……… 98
Step 2 수납하기 수납 방법을 생각하자 ……… 99
　　★게임기・DVD ……………… 99
　　★책 ………………………… 100
　　★인형 ……………………… 102
　　★문구류 …………………… 104
　오픈형 선반 수납 예 …………… 106

가끔씩 체크할게요!
집사의 기습 점검 ……… 66・96

레벨 업 Lesson
센스 있는 학용품 정리법
……………… 108

Lesson 3 방을 더 감각적으로! 귀엽고 세련된 인테리어 강좌

세련된 방을 만드는 5가지 규칙 …… 118

방의 컬러를 정하자 …… 120

　기본적인 색 사용법을 배우자 …… 120
　메인 컬러와 악센트 컬러는 무슨 색으로 하지? …… 122
　색 조합을 생각해 보자 …… 124

방 꾸미기로 더욱 센스 있게! …… 126
　벽을 꾸며 보자　★벽 스티커 / 마스킹 테이프 / 갈랜드 / 액자 …… 126
　행잉으로 꾸며 보자　★모빌 / 식물 …… 130
　침대를 꾸며 보자　★캐노피 / 침대 커버&쿠션 …… 132
　조명을 바꿔 보자　★갈랜드 조명 / 캔들 조명 …… 134

귀여운 인테리어 소품을 만들자 …… 136
　★인형 리스 …… 137
　★이니셜 파일 박스 …… 138
　★자투리 천 갈랜드 …… 139
　★액자 액세서리 스탠드 …… 140
　★나만의 클리어 케이스 …… 141

이럴 땐 어쩌지? 문제 있는 방 변신 비법

- **Q** 어떻게 하면 좁은 방을 넓게 쓸 수 있을까? …… 142
- **Q** 형제・자매와 같은 방을 써, 나만의 공간이 필요해! …… 144
- **Q** 전통 가옥의 방도 세련되게 만들 수 있을까? …… 146
- **Q** 친구들에게 인기 있는 방은 어떤 방일까? …… 148

Lesson 4
이제 절대 어지르지 않을 거야!
깨끗한 방을 유지하자

정리의 규칙을 정하자	154
청소 습관을 들이자	158
공유 공간도 깨끗하게 사용하자	164
★거실 … 165 ★세면실	168
★부엌&식당 … 166 ★화장실	169
★욕실 … 167 ★현관	170
집안일을 해 보자	171
청소&집안일 체크 리스트	175

레벨 업 Lesson
친구가 놀러 왔을 때 맞이하는 법 & 파자마 파티 매너 …… 176

특별 부록
인테리어 라벨

등장인물 소개

미미, 미오와 친구가 되어 날마다 즐거운 체리.
그런데 요즘 실수투성이야. 혹시 방이 어질러진 탓일까…?

체리
솔직한 성격의 말괄 량이. 미미와 미오를 아주 좋아해!

하루(집사)
고등학생이자 집사 견습생. 할아버지 대신 체리네 집에서 일해.

미미
다정한 성격의 인기 많은 소녀. 과자 만들 기와 방 인테리어에 도 관심이 많아!

미오
운동 신경이 뛰어나 고 야무진 미미의 소 꿉친구야.

세련된 방 꾸미기

요즘 아이들은 방을 무척 세련되게 꾸민답니다. 먼저, 친구들의 방을 구경해 보는 건 어떨까요?

우아! 친구들의 방? 너무너무 궁금해! 빨리 보고 싶어!

세련된 방 꾸미기 1

어?
체리, 어쩐 일이야?
어서 들어와!

내 말 좀 들어 봐~!
아까 그 집사가 글쎄….
와, 미오 방 진짜 깨끗하다!
침대랑 책상만 있는 심플한
타입이 너랑 잘 어울려!

방은 자기 취향이 묻어나니까.
미미네 집도 가 볼래?

응! 좋아, 갈래~♪

이 방의 주인은…
꾸밈없고 산뜻한 스타일리시 걸

세련된 방 꾸미기 2

Girly
걸리

우아!♡
미미 방 엄청 귀엽다~!

후후♡
고마워, 체리야.
침대에 신경 좀 썼지.♪

미미 너처럼 방 분위기가
화사하고 예뻐!

방을 귀엽게 꾸미는 친구를 많이 알아. 사진 있는데 볼래?

응, 볼래!!

이 방의 주인은…
화사한 분위기가 인기 만점! 소녀스러운 스타일

세련된 방 꾸미기 3

여기 봐! 창가에 식물을 놔두어도 멋지지?

응, 멋지다! 마음이 아주 차분해질 것 같은 방이네!

게다가 공부하는 공간과 쉬는 공간을 확실하게 구분해 놓았어. 공부할 때는 침대가 안 보이는 게 집중이 잘되고 좋대!♪

오, 그래? 가구 배치만 바꿔도 공부할 때 집중력이 달라지는구나!

Natural
내추럴

이 방의 주인은…
공부도 놀이도 열심히!
둘 다 놓치지 않는 우등생

세련된 방 꾸미기 4

우아! 이 방 마음에 쏙 들어!

옷과 가방 정리를 잘해 놨지? 패션에 관심이 많아서 일부러 보이게 걸어 놨대..♪

진짜 멋지다! 꼭 옷가게 같아. 그런데 자세히 보면 가구는 아주 심플하네. 음… 옷들이 컬러풀해서 그런가?

신경을 아주 많이 썼네!

이 방의 주인은…
밝은 분위기로 사람들을 끌어당기는 상큼발랄한 소녀

세련된 방 꾸미기 5

Cool & Cute
쿨&큐트

와, 이 방도 멋지다! 검은색과 핑크색의 조합이 세련돼 보여.♡

벽지 무늬도 예쁘다! 우리 집도 이러면 좋을 텐데….

이건 방의 분위기에 맞춰서 직접 무늬를 붙인 거래!

와, 직접 했다고? 대단하다!

시트지 같은 걸로 비교적 간단하게 할 수 있어~♪

이 방의 주인은…
약간 어른스러운 분위기는 모두의 바람

세련된 방 꾸미기 6

Atelier Motif
아틀리에 모티브

앗! 체리가 아주 좋아할 만한 방 발견!

우아~♡
비즈가 엄청나네!
너무너무 좋아~!

체리는 특기가 수예였지. 이렇게 자신의 취미 용품을 방 안에 장식하는 사람도 있어!♪ 바다나 숲을 모티브로 하거나 남자아이 방 중에는 우주선처럼 꾸민 방도 있었던 것 같아.

다들 방을 꾸미는 데 열심이구나.

이 방의 주인은…
좋아하는 것을 향해 직진!
드림 걸

집사의 고민 상담실

방에 대한 질문에 집사가 아주 솔직하게 대답해 드려요!

From : 정리 못해 님
제목 : 궁금

왜 방을 꼭 깨끗하게 정리해야 할까요?

 '꼭 깨끗하게 정리해야 하는 것'은 아니지만 어질러져 있으면 물건을 잃어버리기도 쉽고 불편하지 않나요? 방이 정리되어 있으면 기분도 좋고, 물건을 찾는 시간이 줄어들어 그만큼 좋아하는 일을 할 시간이 늘어나죠. 좋은 점밖에 없답니다.

From : K님
제목 : 저도 할 수 있을까요?

제 방은 엄청나게 어질러져 있어요. 정리 솜씨 꽝인 제가 방을 예쁘게 꾸밀 수 있을까요?

 물론입니다. 정리에 재능은 필요 없어요. 하고자 하는 마음이 있고 요령만 익히면 누구나 방을 깨끗하게 정리할 수 있고, 귀엽게 꾸미는 것도 가능하답니다.

'집사님 여자 친구 있어요?'라는 질문도 있네….

질문은 방에 관한 고민만 받도록 하겠습니다!

Lesson 1

누구나 방을 깨끗하게 치울 수 있다

누구나 손쉽게! 정리의 기술

방을 귀엽게 꾸미려면 정리부터 해야 해.

방 정리는 요령만 알면 간단하지.

목표를 정하고 방법 찾기부터 시작해 보자~♪

다른 친구들 방은 정말 귀여웠어~
나도 방을 귀엽게 꾸미고 싶어!

잘 다녀오셨나요?
보아하니 정리할 마음이 생긴 모양이네요.

그러고 보니 파자마 파티를 한다고요?
그럼 방을 귀엽게 꾸며야겠네요.

아니! 나는 귀여운 느낌보다…
어떤 방이 좋으신가요?

으음… 이렇게 꾸민 방도 멋있어!

시크한 방이군요.
…하지만 책상도 없고, 체리 님의 방으로는 글쎄요?

SNS에 올라와 있는 건 어디까지나 남의 방이죠. 그대로 따라서 꾸민다 해도 내가 쓰기에는 불편할 수 있어요.
그러니까 먼저 자기 자신에 대해 알아보는 것부터 시작해 볼까요?

응, 알겠어!

기술 1

내가 바라는 내 모습은?

정리의 목적을 확실히 하자

응? 목적은 깨끗하게 정리하는 거 아니야?

깨끗해진 방에서 뭘 하고 싶은지, 어떤 방에서 지내고 싶은지 확실히 정해야 해요. 구체적인 목표가 있어야 방 꾸미기도 더 쉬워지고 의욕도 생기죠.

흐음, 그런가?

잘 모르겠다면 '내가 바라는 내 모습'을 생각해 보세요. 내가 꿈꾸는 나는 어떤 방에서 지내고 싶은지 상상해 보는 거죠.

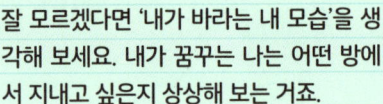

이상적인 나, 이상적인 방을 상상하자

방 정리를 하기 전에 먼저 머릿속을 정리하자! 나는 어떤 모습이 되고 싶은 걸까? 내가 꿈꾸는 나는 방에서 뭘 하면서 지낼까? 이렇게 방에서 하고 싶은 일을 구체적으로 상상하면 방의 모습도 그려질 거야.

머릿속을 정리하려면 생각나는 걸 적어 보는 게 가장 좋죠. 오른쪽 시트에 희망사항을 적어 보세요.

> 적어 보자!

이상적인 내가 되기 위한 방 계획서

1 내가 바라는 내 모습은?

> 주천하는 방 이미지는…

좋아하는 스타일을 체크해 보자.
화살표 오른쪽이 추천하는 방의 이미지야.

- ☐ 똑 부러지고 멋있는 사람 ➡ **깔끔하고 심플한 계열** `10쪽`
- ☐ 다정하고 귀여운 사람 ➡ **귀여운 걸리 계열** `12쪽`
- ☐ 믿음직한 리더 ➡ **차분한 내추럴 계열** `14쪽`
- ☐ 밝고 활발한 인기인 ➡ **세련된 캐주얼 계열** `16쪽`
- ☐ 어른스러운 매력이 있는 사람 ➡ **쿨&큐트 계열** `18쪽`
- ☐ 하나만 파고드는 슈퍼 걸 ➡ **취미방 계열** `20쪽`

2 방에서 하고 싶은 일은?

방에서 뭘 하고 싶은지 적어 보자. (예: 친구들 초대하기, 집중해서 공부하기)

_____
_____
_____

1과 2를 합하면…

내가 원하는 방은

▼ 1에서 나온 방의 이미지를 적어 보자!

_____ 이고

▼ 2에 적은 '방에서 하고 싶은 일'을 적어 보자!

_____ 을/를 할 수 있는 방

> 내가 원하는 방은 <mark>차분한 내추럴 계열</mark>이고
> <mark>친구들과 파자마 파티</mark>를 할 수 있는 방이야!

누구나 손쉽게! 정리의 기술

기술 2

> 왜 방이 어질러질까?

정리를 못하는 이유를 파악하자

정리를 못하는 이유? 으… 내 단점을 찾으라는 말이네.

아니에요. 정리를 못하는 이유는 사람마다 다르니까, 이유를 알면 효율적인 방법을 찾아낼 수 있어요. 이유는 크게 다음 두 가지로 나뉘죠.

이유 1 ˙한마디로˙ **물건이 많다**

방이 어질러지는 이유 중 하나는 공간에 비해 가지고 있는 물건이 많아서야. 왜 물건이 점점 많아지는 걸까? 물건이 많은 사람들은 두 가지 타입이 있어.

그렇지만
이걸 어떻게 버려! 타입

'아까워', '언젠가 쓸지도 몰라'라며 물건을 쌓아 두지 않니? 물건을 소중히 다루는 것은 좋지만, 쌓아 두기만 하고 결국 안 쓰는 물건도 많을 거야.

무심코
충동구매를 해 버려! 타입

쇼핑을 너무 좋아해서 물건을 사야 만족하는 타입. 하지만 가지고 싶어서 사놓고 결국 한 번도 쓰지 않은 물건이 방에 가득 잠자고 있을 거야.

이유 2 ⸌어째서인지⸍ **꺼내 놓고 집어넣지 않는다**

물건이 많은 것도 아닌데 정리가 되지 않는다면, '꺼내 놓고 집어넣지 않는' 게 원인. 꺼내 놓는 이유도 사람마다 제각각이야. 크게 4가지 타입으로 나눌 수 있어.

아무 데나 상관없어!
변덕쟁이 타입

'일단 여기에'라며 의자 위에 물건을 쌓아 놓고 계속 그대로 내버려 두는 사람이 바로 이 타입. 수납공간이 있는데도 활용을 못하고 있을지도 몰라.

이상은 높지만…
귀차니스트 타입

기본적으로 꾸미는 건 좋아해. 의욕이 있을 때는 방을 열심히 꾸미지만 워낙 귀찮아하는 성격이라 금세 싫증을 내지. 그 결과 어질러지는 경우가 많아.

안 보이면 OK!
임시방편 타입

사실은 깔끔한 성격이라 바닥에 물건이 어질러져 있으면 바로 서랍에 집어넣는 타입. 그렇지만 깊이 생각하지 않고 집어넣어서 서랍 안이 엉망진창이야.

이게 편한걸!
고집쟁이 타입

어질러지는 원인이 너무 많아서 뭘 어떻게 해야 할지 스스로도 잘 모르는 타입. 어질러진 방에서도 아무렇지 않게 '이게 더 편해'라고 생각할지도….

나는 어떤 타입일지 궁금해.

여러분도 다음 페이지에서 테스트해 보세요!

> 당신은 어떤 타입?

어지르기 타입 테스트

행동 유형으로 어지르기 타입을 알아보자. 나에게 해당하는 행동을 모두 체크해 봐.

A
- [ ] 옛날에 좋아했던 캐릭터 상품을 아직도 가지고 있다
- [ ] 잡지나 그림책은 모아 두고 싶다
- [ ] 작아진 옷도 마음에 드는 건 가지고 있고 싶다
- [ ] 경품으로 받은 장난감이 잔뜩 쌓여 있다
- [ ] 친구에게서 받은 편지는 빠짐없이 모아 두는 편이다

B
- [ ] 값이 싸면 필요하지 않아도 사고 싶어진다
- [ ] 천원 숍을 좋아한다
- [ ] 쇼핑을 무척 좋아한다
- [ ] '공짜'라면 일단 받아 온다
- [ ] 신제품을 보면 갖고 싶어진다

C
- [ ] 책상 위가 항상 물건으로 가득하다
- [ ] TV 전원이나 전등 끄는 걸 자주 잊어버린다
- [ ] 읽다 만 책은 정리하지 않고 그대로 둔다
- [ ] 물건을 어디에 두었는지 잊어버려 찾는 일이 많다
- [ ] 책가방 안의 교과서를 날마다 바꾸지 않고 다 가지고 다닌다

D
- [ ] 실내화를 집에 가져와도 빠는 걸 잊어버린다
- [ ] 인테리어를 상상하는 건 좋지만 내 방을 꾸며 본 적은 없다
- [ ] 만들기나 수예가 서툴다
- [ ] 포기가 빠르다
- [ ] 계획을 세우지 않아도 어떻게든 될 거라고 생각한다

E
- [ ] 잡동사니는 서랍에 넣기만 하면 OK
- [ ] 옷장이나 선반 문을 열면 물건이 쏟아져 내린다
- [ ] 물건이 걸려서 서랍을 열지 못할 때가 있다
- [ ] 옷을 잘 넣어 둔 것 같은데 구겨져 있을 때가 많다
- [ ] 작은 일은 신경 쓰지 않는다

결과 발표~♪

A~E 중에서 가장 체크가 많았던 곳이 본인의 타입이야. 두루두루 체크가 많았다면 F타입.

당신의 어지르기 타입은… [　　] 타입

*'어지르기 타입 테스트'는 일본 라이프 오거나이저 협회의 감수를 받아 작성되었습니다.

Check! Check! 타입별 주의해야 할 점을 정리했어!

A 수집가 타입

정리가 서툰 게 아니라 물건이 많아서 어찌해야 좋을지 모르는 상태. 먼저 물건을 줄이는 것부터 시작해 보자. '사용할 물건'과 '사용하지 않을 물건'으로 나누기부터!

▶ 38쪽을 확인해 봐!

B 충동구매 타입

나한테 필요한 물건의 양을 생각해 보자. 공책은 지금 쓰는 것 말고 몇 권이나 더 필요할까? 가방은 몇 개나 필요할까? 구체적인 개수를 파악하면 필요한지 아닌지 판단할 수 있어. 수납할 장소를 정한 다음 물건을 사는 것도 좋은 방법이야.

C 변덕쟁이 타입

'나중에 하자'라고 생각하는 게 어질러지는 원인. '나중에'를 '지금 당장'으로 바꾸기만 해도 방이 금방 깨끗해질 거야. 정리하러 왔다 갔다 하는 게 귀찮다면, 물건을 쓰는 곳 바로 옆에 수납공간을 마련해도 좋아.

D 귀차니스트 타입

귀찮은 것을 싫어하는 성격이라 세세하게 정해진 수납 방법은 지키기 어려울 거야. 세련된 방을 만들고 싶다면 '세련된 사람의 수납 방법'이 아니라 나 자신에게 맞는 수납 방법을 찾아보자!

E 임시방편 타입

얼핏 깨끗해 보여도 결국 뭐가 어디 있는지 모르면 어질러진 거나 다름없어. '어떻게 해야 물건을 쓰기 편할지' 생각하면서 다시 한 번 정리 방법을 궁리해 보자.

F 고집쟁이 타입

뭘 어떻게 해야 할지 모를 때는 먼저 물건을 줄이는 것부터 시작하는 게 좋아. 필요 없는 물건을 정리하기만 해도 훨씬 깨끗해지거든.

> 나는 'C 변덕쟁이 타입'이야!

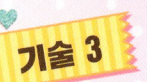
기술 3

나랑 잘 맞는 정리법은 따로 있다?

내 정리 타입을 알아보자

정리 타입? 그게 뭐야? 정리를 잘하는 타입, 못하는 타입이 있다는 건가?

그게 아니라, 오른손잡이와 왼손잡이가 있는 것처럼 정리도 사람에 따라 '쉬운 방법'이 다르거든요. 자신에게 맞는 방법을 알면 정리가 훨씬 쉬워질 거예요.

아, 그런 거구나….

정리 타입은 2가지 패턴이 있어!

대강대강 정리하려는 '대범한 타입'과 꼼꼼하게 정리하려는 '꼼꼼한 타입'. 정리가 어렵게 여겨진다면 내 정리 타입과 실제 수납 방식이 맞지 않기 때문일지도 몰라. 내가 어떤 타입인지 알아보고 맞는 정리법을 찾아보자.

대범한 타입
그때그때 자유롭게 정리하는 걸 좋아해!

꼼꼼한 타입
이성적이고 작은 부분까지 신경을 쓰지!

> 난 어느 쪽일까?

정리 타입 체크

자신의 행동과 사고방식에 맞는 것을 체크해 봐. 체크 항목이 많은 쪽이 본인의 타입이야!

대범한 타입의 사람은…

- ☐ 무언가를 할 때는 한 번에 끝내고 싶다
- ☐ 숙제는 마감날까지만 하면 된다
- ☐ 여름 방학은 계획을 세우지 않고 자유롭게 보내고 싶다
- ☐ '음악 들으면서 책읽기'처럼 두 가지 일을 같이 하는 게 특기
- ☐ 책은 재미있는 부분부터 읽는다
- ☐ 알림장에 적은 내용은 집에서 확인하지 않아도 기억하고 있다
- ☐ 공부는 여러 장소에서 하고 싶다
- ☐ 새로운 물건을 사면 설명서를 읽지 않고 무조건 써 본다
- ☐ 매일 일기 쓰기가 힘들다

꼼꼼한 타입의 사람은…

- ☐ 꾸준히 하는 작업을 좋아한다
- ☐ 숙제를 먼저 끝내고 느긋하게 놀고 싶다
- ☐ 여름 방학은 계획을 세워야 알차게 보낼 수 있다
- ☐ 한 가지에 집중하는 타입
- ☐ 책은 처음부터 차분히 읽는다
- ☐ 매일 알림장을 확인한다
- ☐ 공부는 정해진 장소에서 하고 싶다
- ☐ 새로운 물건을 사면 먼저 설명서를 읽는다
- ☐ 매일 일기 쓰기가 특기

> 각 타입에 따른 정리 요령은 다음 페이지를 확인하세요.

대범한 타입의 정리 요령

기술 1
색깔이나 그림으로 수납 장소가 한눈에 보이게

직감적으로 전체 모습을 파악하는 게 특기니까 '수납할 곳은 여기!'라고 바로 알 수 있게 하는 걸 추천해. 수납 박스에 사진이나 그림을 붙이거나 종류별로 색을 다르게 해도 좋겠지.

기술 2
손쉽게 휙 넣을 수 있는 수납이 베스트

문을 열고, 서랍을 꺼내고… 이렇게 손이 많이 가는 정리에는 서툰 타입이야. 상자에 휙 넣기만 하는 것처럼 동작이 적고 복잡하지 않은 수납이라면 해 볼 수 있겠지.

기술 3
오픈형 수납장으로 장식 효과까지 노리자

취향이 뚜렷한 타입이니까 마음에 드는 물건을 장식하는 것도 추천해. 오픈형 수납장이라면 손쉽게 정리할 수 있고 좋아하는 물건을 장식할 수 있어 의욕도 높아질 거야!

좋아하는 모자를 걸어 두면 기분도 좋아져!

서랍은 색깔을 다르게 해서 알기 쉽게!

걸어 두기만 하면 되는 손쉬운 수납이야!♪

꼼꼼한 타입의 정리 요령

기술 1
통일감을 주면 깔끔해 보여서 기분도 좋아져

순서대로 딱딱 맞추거나 규칙적으로 일을 진행시키는 것이 특기인 꼼꼼한 타입은 수납한 모습도 깔끔해야 만족할 수 있어. 색이나 소재를 통일하는 게 좋겠지.

기술 2
칸막이로 물건의 위치를 세세하게 나누자

'수납할 장소가 확실하게 정해져 있어야 헷갈리지 않고 편하다'라고 생각하는 타입. 서랍 안에도 칸을 나눠서 종류별로 수납공간을 만들면 꺼낼 때 찾기 쉽고 좋아.

기술 3
칸마다 이름표를 붙여서 물건의 위치를 알기 쉽게

칸을 세세하게 나눈 다음 이름표까지 붙이면 물건의 위치를 더 쉽게 알 수 있겠지. 그림이나 사진보다는 글씨를 쓰는 라벨이 훨씬 깔끔해 보일 거야.

1 누구나 손쉽게! 정리의 기술

- 전체의 색을 통일하면 깔끔해 보여!
- 인형도 확실하게 제자리를 정해 줘!
- 칸막이를 이용해서 서랍 안에도 세세하게 자리를 나누자.

기술 4

> 사실은 무척 단순해!

정리의 기본을 익히자

내 어지르기 타입은 '변덕쟁이'고, 정리 타입은 '꼼꼼한 타입'이구나…. 그러면 바로 정리하기 쉬운 가까운 곳에, 물건 넣을 자리를 세세하게 정하면 되는 건가?

바로 그거예요! 그럼 정리를 시작하기 전에 순서를 알아보도록 하죠. 딱 3가지만 기억하세요! 이 '정리의 3단계'만 알면 어떤 방이든 깨끗하게 정리할 수 있어요.

정리의 3단계

Step 1 분류하기
여기저기 늘어놓은 물건들을 모아서 종류별로 나누고 사용할 물건만 남기자.
▶ 자세한 내용은 37~39쪽

Step 2 수납하기
Step1에서 남긴 물건을 어디에 어떻게 넣을지 정하자.
▶ 자세한 내용은 40~41쪽

Step 3 유지하기
깨끗한 상태를 오래 유지할 수 있도록 스스로 할 수 있는 정리 규칙을 정하자.
▶ 자세한 내용은 42~43쪽

Step 1 분류하기

필요한 것과 필요하지 않은 것을 나누자

'분류하기'란, 지금 가지고 있는 물건을 '필요한 것'과 '필요하지 않은 것'으로 나누는 거야. 그리고 필요 없는 물건을 처분하는 것까지를 말해. 물건을 줄이는 게 목적이 아니라, 앞으로 나한테 필요한 물건을 골라내는 중요한 과정이지.

어떻게 분류하지?
나누기 → 고르기 → 처분하기

먼저 나누기

그룹을 나누자

방이 어질러졌다는 것은 무엇이 어느 정도 있는지 모른다는 뜻이야. 그러니 먼저 여기저기 흩어져 있는 물건들을 비슷한 것끼리 묶어서, 지금 내가 어떤 물건을 얼마나 가지고 있는지부터 확인해 보자. 생각보다 겹치는 게 많을지도 몰라.

이렇게 나눠 보자!

학교용 물건 / 문구류 / 취미용 물건 / 추억의 물건
↓
각 그룹 안에서 또다시 종류별로 나눈다
↓
겹치는 물건은 처분한다

그룹을 나누기만 해도 한결 정리된 느낌이야!

다음은 고르기

사용하는 물건과 사용하지 않는 물건을 나누자

그룹별로 나눈 물건들을 보면서 '필요한 것'과 '필요하지 않은 것'으로 나누자. 필요한지 아닌지 잘 모를 때는 '사용한다', '사용하지 않는다'로 나눠 봐. '사용하지 않는 물건'이라고 해서 반드시 버려야 하는 건 아니니까 먼저 아래 차트를 보면서 물건에 우선순위를 매겨 보자!

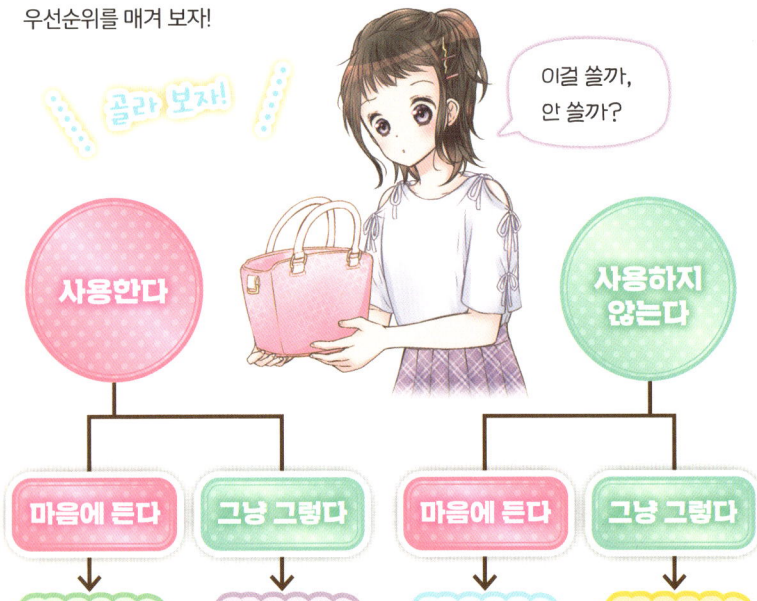

골라 보자!

이걸 쓸까, 안 쓸까?

사용한다

마음에 든다 → 좋아하는 물건은 쓰기 편한 곳에
사용하는 것 중에서도 마음에 드는 물건은 가장 쓰기 편한 곳에 두자. 장식하는 것도 좋겠지!

그냥 그렇다 → 좋아하지는 않지만 필요한 것
학습 도구처럼 취향에 상관없이 필요한 물건이 여기에 해당되겠지. 사용하는 횟수에 따라 수납할 곳을 정하자.

사용하지 않는다

마음에 든다 → 보물로 보관하자
더 이상 사용하지는 않지만 마음에 들어서 버릴 수 없는 물건은 사용하는 물건과 따로 보관하자.

그냥 그렇다 → 버려도 되는 것
더 이상 사용하지도 않고 딱히 마음에 드는 것도 아니라면 놔두지 말고 처분할 방법을 생각하자.
▶ 39쪽의 방법을 확인해 봐!

마지막은 처분하기

처분하는 방법을 조금씩 생각해 보자

'처분'하는 방법은 버리는 것만이 아니야. 더 이상 쓰지는 않지만 아끼던 물건이나 아직 깨끗한 물건이라면 다른 사람이 쓸 수 있을지도 몰라. 가지고 싶어 하는 친구에게 주거나 중고 용품 거래 장터에 팔거나 나누는 등 재활용할 수 있는 방법을 생각해 보자.

재활용할 수 있는 물건은…

- ☐ 찢어지지 않은 책과 만화책
- ☐ 고장 나지 않은 장난감이나 전자 제품
- ☐ 더럽지 않은 옷과 가방
- ☐ 사용하지 않은 문구류

장난감이나 책을 필요한 곳에 기부할 때는 시설마다 기준이 있으니 먼저 문의해 봐!♪

ADVICE

고민된다면
이상적인 내 모습을 떠올려 보세요

놔둬야 할지, 버려야 할지 고민될 때는 27쪽에서 생각했던 '이상적인 내가 되기 위한 방'을 떠올려 보세요. 미래의 나한테 어울리는 물건을 남기는 게 좋겠죠.

step2 수납하기

넣을 장소와 방법을 생각하자

남겨 둘 물건이 정해졌다면 그것들을 사용하기 편리한 장소에 수납하자. 어디에 두어야 쓰기 편할까? 어떻게 해야 치우기 쉬울까? 보관할 장소를 먼저 정한 다음 수납 방법을 생각해 보자.

어떻게 수납하지?
물건의 위치를 정한다
↓
수납 방법을 생각한다

— 먼저 — 물건의 위치를 정한다

어디에 넣을지 생각하자

먼저 '어디에 넣을지'부터 정하자. 물건을 쓰는 곳과 넣어 두는 곳이 멀리 떨어져 있으면 정리하러 가기 귀찮겠지. 쓰기 편하면서 정리하기도 쉬운 위치를 생각해 보면, 쓰는 곳 가까이에 수납 장소를 마련하는 게 최고야!

힌트 1

사용하는 장소 가까이

공부할 때 쓰는 물건들은 책상 근처에, 옷과 가방은 옷을 갈아입는 곳 근처에 두는 등 방 안에서도 목적에 따라 구역을 정하는 게 좋아.

힌트 2

주로 쓰는 손을 고려하자

평소 주로 쓰는 손 쪽이 꺼내기 편하니까 자주 쓰는 물건은 주로 쓰는 손 방향에 보관하자!

힌트 3

자주 쓰는 물건부터

자주 쓰는 물건부터 위치를 정하자. 서랍이라면 주로 쓰는 손 방향에서도 가장 위쪽 칸, 옷장이라면 눈높이에 두는 게 좋겠지!

어떻게 수납할지 생각해 보자

보관할 곳을 정했다면 어디(수납 용품)에 어떻게 넣을지를 고민하자. 이때 중요한 것은 내 정리 타입에 맞는 수납 방법이야. 대범하게 정리하고 싶은지, 꼼꼼하게 정리하고 싶은지 타입에 따라서 필요한 수납 용품도 다르겠지.

힌트 1
내 정리 타입에 맞는 수납 방법을 찾자

기본적으로는 대범한 타입이더라도 취미 용품은 꼼꼼하게 수납하고 싶을 수도 있으니까 장소와 물건에 따라 수납 방법은 얼마든지 달라질 수 있어. 내게 맞는 방법을 여러 가지 시도해 보자!

▶ 34, 35쪽을 참고해 봐!

힌트 2
수납 용품을 살 때는 반드시 사이즈를 재자

칸막이나 수납 박스는 사이즈가 맞지 않으면 사용하기 힘들어서 결국 정리를 할 수가 없어. 그러니까 놓을 곳과 안에 넣을 물건의 사이즈가 맞는지 확실하게 길이를 재서 맞는 것으로 준비하자!

부족하면 추가로 살 수 있는 기본형 아이템이 좋아!

눈에 띄는 곳에 둘 거면 모양도 신경 써서 예쁜 걸로 고르자.

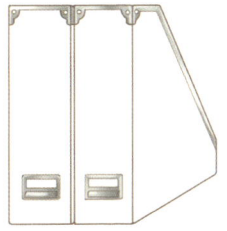
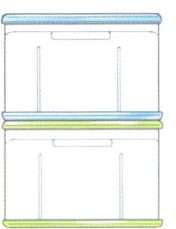

step3 유지하기

어떻게 하면 깨끗한 상태를 유지할 수 있을지 고민하자

'분류하기', '수납하기'를 통해 방이 깨끗해졌을 거야. 하지만 그게 끝이 아니야! 시간이 지나면 물건은 늘어나게 마련이지. 깨끗한 상태를 유지하려면 스스로 정리 규칙을 정해서 꾸준히 지키려고 노력하는 게 중요해.

어떻게 수납하지?
정리 규칙을 만든다

정기적으로 체크한다

먼저 — 정리 규칙을 만든다

정리하는 습관을 들이자

지금까지와 똑같이 생활한다면 힘들게 정리한 방도 순식간에 원래 상태로 돌아가고 말 거야. 물건을 꺼냈으면 반드시 원래 있던 자리에 집어넣기, 하루 한 번은 정리하는 시간 만들기 등 어렵지 않게 꾸준히 할 수 있는 정리 규칙을 만들어서 지키도록 하자!

다음은 — 정기적으로 체크한다

1년에 한 번은 다시 체크하자

1년이 지나면 몸에 맞지 않는 옷이 생기고, 교과서가 바뀌거나 늘어나기도 하겠지. 그러니 적어도 1년에 한 번은 Step1 '분류하기'부터 다시 체크해 보는 게 중요해.

> 자세한 내용은 151쪽 Lesson4 를 확인하세요.

방을 깨끗이 유지하는 데 도움이 되는 라벨링 아이디어를 소개할게!

수납 장소를 구별하기 쉬워져!

라벨링 아이디어

수납할 장소를 정해도 잊어버리거나 대충 하는 경우가 많은 사람에게는 라벨링을 추천해. 물건의 위치를 정하면 라벨을 붙여서 늘 제자리를 의식할 수 있도록 하자!

아이디어 1 사진으로 라벨링

똑같이 생긴 박스를 여러 개 이용해서 수납할 때는 한눈에 내용물을 알 수 있는 사진 라벨링을 추천해. 글로 설명하기 어려운 장난감이나 신발을 수납하기에도 딱이지.

아이디어 2 그림으로 라벨링

한눈에 알 수 있으면서도 사진보다 귀여워 보이는 그림 라벨링. 옷 수납 박스에 붙이거나 서랍 안 문구류의 위치를 표시하기에 좋아.

아이디어 3 글자로 라벨링

사진이나 그림보다 임팩트가 적은 글자 라벨링은 눈에 띄지 않았으면 하는 곳이나 깔끔해 보이고 싶은 곳에 추천해.

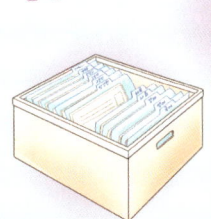
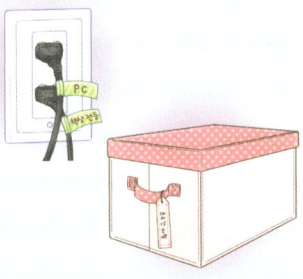

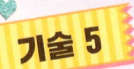

기술 5

> 이것만 하면 다 된다?!

정리를 좋아해 보자

> 정리를 좋아하라니… 그게 내 마음대로 되는 것도 아니고….

'정리가 서툴다'는 사람은 대부분 지레 포기하는 경우가 많아요. 어질러진 방을 보고 '난 못해'라는 생각에 의욕을 잃고, 방은 더욱 어질러지죠. '정리를 못하는 악순환'에 빠지고 마는 거예요.

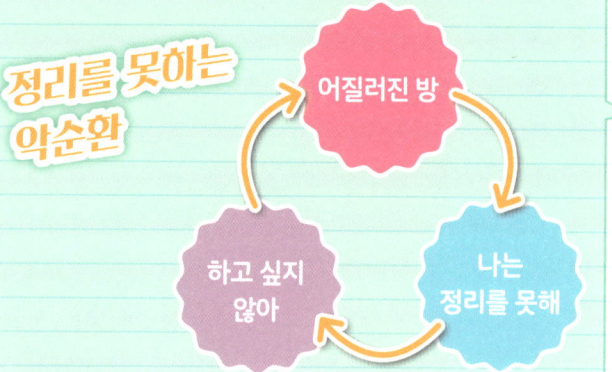

정리를 못하는 악순환

- 어질러진 방
- 나는 정리를 못해
- 하고 싶지 않아

> 정리를 못하는 악순환에서 벗어나려면 어떻게 해야 할까?

먼저 한 곳만 깨끗하게 정리하기부터 시작해 보세요. '해냈다'는 자신감이 생기면 정리를 좋아하게 되고, 자기 자신도 좋아하게 되죠. 즐거운 기분으로 정리하면 효율도 높아진답니다!

일단 한 곳만 정리해서 깨끗이 유지해 보자!

정리가 서툴다고 생각하는 사람이 갑자기 방 전체를 정리하는 건 너무 어려운 일이야. 먼저 책상 위나 침대 위처럼 눈에 잘 띄는 한 부분만 깨끗하게 정리해 보자. 그 정도라면 매일 깨끗하게 유지하기도 어렵지 않겠지? '나도 정리할 수 있어!'라는 자신감이 생기면 정리에 대한 생각도 바뀌게 될 거야.

시작

한 부분만 깨끗이 유지한다

다른 부분도 정리하고 싶어진다

해냈다! 이 정도라면 할 수 있어!

눈이 깨끗한 것에 익숙해진다

ADVICE

'해냈다'는 경험을 계속 쌓아 가도록 해요

사람의 마음에는 '못해!'라든가 '싫어!'라는 기분이 더 강하게 남는다고 해요. 그러니까 '난 정리를 못해!'라는 마음을 바꾸려면 '해냈다!'라는 즐거운 기분을 훨씬 많이 느껴야겠죠.

집사의 고민 상담실

방에 대한 질문에 집사가 돌직구로 대답해 드려요!

From: 패션 러버 님
제목: 쇼핑을 멈출 수가 없어요

저는 '어지르기 타입 테스트'에서 '충동구매 타입'이었어요. 그런데 도저히 쇼핑을 그만둘 수가 없어요. 어쩌죠?

 '노트북을 산다'처럼 큰 목표를 가지고 저축을 해 보는 건 어떨까요? 가지고 싶은 물건을 갖기 위해서라면 쓸데없는 소비를 참을 수 있을지도 몰라요.

From: 대범한 타입 님
제목: 정리 타입 테스트를 해 봤어요

우리 엄마는 '정리 타입 테스트'에서 '꼼꼼한 타입'이에요. 항상 "정리 방법이 틀렸잖아!"라고 잔소리를 해서 지겨워요. 참고로 저는 '대범한 타입'이고요.

 타입이 다르다니, 곤란한 상황이네요. 어머니께 이 책을 보여 드리고 서로 정리 타입이 다르다는 점을 이해시켜 보세요.

From: 레이 님
제목: 언제부터 스스로 해야 할까요?

제 방의 정리 정돈은 거의 부모님이 해 주세요. 몇 살부터 스스로 해야 창피하지 않은 걸까요?

 나이는 상관없지만 언젠가는 스스로 해야겠죠? 당장 오늘부터 시작해 보는 건 어떨까요?

Lesson 2

깨끗한 방의 기본을 갖춰 보자

내 방 정리정돈

정리하는 과정을 배웠다면 이제는 실전!

공간별로 물건을 나누어

나에게 딱 맞는 정리 방식을 만들어 가자!

분류하기
▼
수납하기
▼
유지하기?

뭐, 간단하네!!

좋아. 그럼 이제 해치워 버리자!

도우미 아주머니!!

잠깐! 스스로 하지 않으면 의미가 없잖아!!

항상 할아버지가 정리했으니…

크흠

체리 님, 실례지만 방이 쓰레기장처럼 변한 건

본인에게 맞지 않는 수납 방법이 문제가 아닐까 싶습니다만…

자신에게 맞는 수납 방법을 찾아야 방을 깨끗하게 유지할 수 있고, 그래야 정리도 즐거워질 겁니다!

정리 정돈

어디서부터 시작해야 할까?

스스로 하려고 해도 잘 안 돼.
어디서부터 손을 대야 하지?!

사실, 어디서부터 정리할지는 의외로 중요한 문제예요.
먼저 내 물건만 놓여 있는 나만의 공간, 그 안에서도 가장
자주 이용하는 곳을 골라 보세요.

정리 정돈은 나만의 공간에서부터 시작하자

정리 정돈의 시작은 혼자서도 척척 진행할 수 있는 곳이 가장 좋아. 분류하는 단계에서부터 막혀 버리면 의욕이 확 떨어지지. 그러니까 나 혼자서도 '필요하다', '필요하지 않다'를 정할 수 있는 나만의 공간부터 시작하자. 그중에서도 매일 사용하는 장소를 추천해. '깨끗해졌다'는 성취감을 느끼기 쉬워서 다른 공간도 정리하고 싶어질 거야.

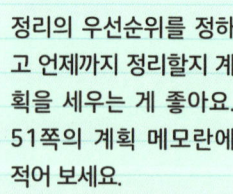

정리의 우선순위를 정하고 언제까지 정리할지 계획을 세우는 게 좋아요.
51쪽의 계획 메모란에 적어 보세요.

적어 보자!

정리 정돈 계획 메모

우선순위 1위

날마다 사용하는(또는 사용하고 싶은) 곳이면서 내 물건만 놓여 있는 공간은?   예: 책상

목표 _____ 까지 정리하기!

▲언제까지 정리할지 목표 기간을 적어 봐.

우선순위 2위

그 밖에 나만 쓰는 공간은?   예: 책장

목표 _____ 까지 정리하기!

우선순위 3위

부모님과 같이 정리하는 공간은?   예: 옷장

목표 _____ 까지 정리하기!

Part 1 공부 구역 정리 정돈

깨끗해지면 기분도 좋아져!

공부하는 책상인데 항상 다른 물건으로 가득해. 왜 그럴까…?

36쪽에서 소개한 '정리의 3단계'를 기억하시나요? 먼저 Step1의 '분류하기' 작업부터 시작할게요. 책상 주위에 놓인 물건&서랍 안의 물건을 모두 꺼내서 아이템별로 착착 나눠 보죠!

Step 1 분류하기 — 아이템별, 사용하는 장소별로 나누자

공부 구역의 물건은 아이템별, 사용하는 장소별로 나눠 두면 나중에 사용하기 쉽게 정리할 수 있어.

학교에서 쓰는 물건

교과서 · 공책 · 프린트

지금 학교에서 사용하는 교과서와 공책, 프린트를 정리하자. 예전에 썼던 것들은 54쪽을 보면서 정리하면 돼.

학용품

그림물감이나 서예 도구, 멜로디언, 리코더, 반짇고리 등 학교 수업 시간에 쓰는 준비물이야.

집에서 쓰는 학습 도구

참고서 · 사전 · 문제집 등

집에서 사용하는 참고서나 사전, 문제집 등은 학교 물건과 분리해 두자.

온라인 학습지 등

온라인 학습에 쓰는 교재도 '학습지 세트'로 묶어서 따로 정리해 두자.

문구류

연필 · 지우개 등

새것은 상자에 따로 모으자. 뭐가 부족한지 알 수 있어서 편리해!

연필과 지우개, 가위, 스테이플러, 풀, 마스킹 테이프 등 집에서 공부할 때 쓰는 문구류를 한곳에 모아 두자.

학원에서 쓰는 물건

학원 교재나 준비물

학원에서 쓰는 물건은 학교나 집에서 쓰는 것과 같이 두지 말고 따로 분류해 두자.

기타

학교나 공부와 관계없는 물건

만화책이나 동화책, 인형, 액세서리 등.

장식할 것 외에는 다른 곳에 수납하자!

2 내 방 정리 정돈

ADVICE

학교에서 쓰는 물건은 정기적으로 체크해야 해요

학교에서 쓰는 물건은 학기나 학년마다 바뀌니까 내버려 두면 수납공간이 부족해지죠. 학기가 끝날 때마다 '놔둘 물건'과 '버릴 물건'을 꼼꼼하게 나누어 정리하도록 하세요.

놔둘까? 버릴까? 학교 물건 체크 일람표

	놔둘 것	버릴 것
옛날 교과서	◦ 작년 교과서 ◦ 사회과 부도 등 자료로 쓸 수 있는 것 작년 교과서 외에 다시 볼 수도 있는 교과서는 놔두자.	◦ 이제 안 볼 교과서 미술이나 음악 같은 과목은 다시 볼 일이 별로 없을지도….
옛날 공책	◦ 올해 썼던 공책 ◦ 나중에 참고하고 싶은 공책 올해 쓴 공책은 다시 볼 일이 있을지도 모르니 놔두자.	◦ 작년까지 쓴 공책(더 이상 안 보는 것) ◦ 한자 연습 공책 등 한자 연습 공책이나 연습장 등은 버려도 돼!
프린트	◦ 올해 받은 학습용 프린트 공부에 참고할 일이 많으니까 과목별로 파일에 보관하자.	◦ 기간이 지난 가정통신문 ◦ 작년에 받은 프린트 다시 사용하지 않는 프린트는 버리자.

2 내 방 정리 정돈

	놔둘 것	버릴 것
시험지	○ 올해 본 시험지 과목별로 파일에 넣어서 복습용으로 보관하자.	○ 작년에 본 시험지 복습이 끝난 시험지는 기본적으로 버려도 돼.
학교에서 만든 작품	○ 마음에 드는 작품 ○ 추억이 많은 작품 둘 공간을 정해서 그곳에 들어갈 만큼만 남기도록 하자.	○ 애정이 없는 작품 ○ 망가진 옛날 작품 버리기 아쉬울 때는 사진을 찍어 두는 것도 좋아.
상장	○ 대회에서 받은 상장 등 ○ 증서(졸업증서 등 사실을 증명하는 서류) 장식할 것 외에는 상장용 파일을 이용하면 깔끔하게 보관할 수 있어.	○ 작은 상장(노력상이나 개근상 등) 작은 상장은 스스로 필요 없다고 생각되면 버리자.
학용품	○ 학습용 도구들 그림물감, 서예 도구, 반짇고리, 조각칼 등은 중학생이 되어도 쓸 수 있으니 놔두자.	○ 낡은 모자나 명찰 ○ 작아진 체육복이나 실내화 새로 사면 낡은 것은 과감하게 버리자.

step2 수납하기

책상 주변의 배치를 생각하자

공부에 필요한 물건을 분류했다면 각각을 사용하기 편한 장소에 배치하자. 평소 공부하는 장소가 어디야? 책상에서 공부한다면 책상 주위에 학용품을 정리하는 거야. 어떻게 배치해야 쓰기 편할지 생각해 봐.

거실에서 공부한다면 62쪽을 참고하세요.

배치 힌트 1

자주 쓰는 물건은 꺼내기 쉬운 곳에

가장 먼저 자주 쓰는 물건의 위치를 정하자. 늘 사용하는 필기도구나 책은 의자에 앉은 채 손만 뻗으면 꺼낼 수 있는 곳에 두는 게 좋아.

배치 힌트 2

학교에서 쓰는 것과 그 밖의 물건을 나누자

학교에서 쓰는 물건, 학원에서 쓰는 물건, 온라인 학습에 쓰는 물건을 각각 나눠서 수납하자. 이렇게 나누기만 해도 학교나 학원 갈 준비가 훨씬 쉬워져.

배치 힌트 3

주로 쓰는 손의 방향을 생각하자

주로 쓰는 손 쪽이 꺼내기 쉬우니까, 자주 사용하는 물건은 주로 쓰는 손 쪽에 수납하자. 동선이 한결 자연스러워질 거야~♪

다음 페이지부터는 내가 생각한 배치 테크닉을 소개할게!

책상을 넓게 쓰기 위한 배치 테크닉 5가지

테크닉 1
자주 보는 프린트는 벽에 붙인 보드에

벽에 붙인 보드에 일정표나 학교에서 받은 프린트를 붙였어. 잊어버리면 안 되는 일은 메모지에 적어서 찰싹!

테크닉 2
연필꽂이도 책상에 올려두지 않아!

항상 쓰는 연필과 펜은 바로 꺼낼 수 있도록 연필꽂이에. 하지만 책상에 두면 거치적거리니까 보드에 후크를 달아서 걸어 놨어.

테크닉 3
교과서류는 이동식 수납장에

학교 교과서나 공부할 때 쓰는 사전, 참고서는 이동식 수납장에 모아 뒀어. 사이드 테이블로도 쓸 수 있지.

학교 교과서·공책

학교 이외의 학습 도구

테크닉 4
평소 책상 위에는 노트북만

자주 쓰는 노트북이나 패드는 늘 책상 위에. 그 이외의 물건은 평소에는 꺼내 놓지 않아. 책상이 깨끗해야 공부를 시작하기도 좋겠지!★

테크닉 5
서랍 안은 문구류를 두는 자리

자주 쓰는 손 쪽의 서랍은 지금 사용 중인 문구류를 넣는 곳으로! 반대쪽 서랍에는 새 문구류를 넣어 두었고, 책상을 넓게 써야 할 때는 노트북을 넣어 두기도 해.

서랍을 편하게 쓰기 위한 배치 테크닉 4가지

테크닉 1
칸막이를 활용하자

서랍 안에서 물건들이 뒤죽박죽 섞이지 않도록 칸막이로 공간을 분리했어.

테크닉 2
공간에 여유를 두자

너무 꽉 차면 꺼내기 힘드니까 70퍼센트 정도만 수납하는 게 좋아!

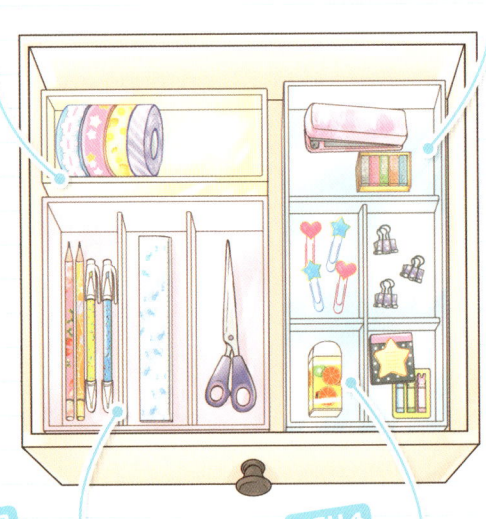

가끔 쓴다 ↑ ↓ 자주 쓴다

테크닉 3
자주 쓰는 물건은 앞쪽에

가장 자주 쓰는 물건은 서랍 앞쪽에, 특히 주로 쓰는 손 방향에 넣어 두는 게 좋아.

테크닉 4
물건을 겹쳐 놓지 말자

겹쳐 있으면 아래쪽 물건을 꺼내기 어렵고 잃어버리기도 쉬워. 한 공간에는 한 가지 물건만 두는 게 기본이야.

칸막이는 사용하기 편하게 조절하자!

서랍에 원래 칸막이가 달려 있더라도 쓰기에 불편할 수도 있어. 빈 상자나 천원 숍에서 산 칸막이 등을 이용해 내가 수납할 물건에 맞게 조절하자.

책상 서랍 깊이별 배치 테크닉 5가지

테크닉 1
깊이에 맞춰서 수납할 물건을 정하자

책상에는 보통 다양한 깊이의 서랍이 달려 있지. 공간 낭비 없이 수납하기 위해서는 서랍의 깊이에 맞춰서 수납할 물건을 정하는 게 좋아.

테크닉 2
주로 쓰는 손 쪽의 서랍에 문구류를! ※오른손잡이의 경우

자주 쓰는 문구류를 넣기 딱 좋은 곳이야.

테크닉 3
몸 쪽 서랍은 자유롭게 수납

의자를 빼야 열고 닫을 수 있는 곳이니까 자주 쓰는 물건을 수납하기에는 좋지 않아. 평소에는 빈 상태로 두고, 학용품을 잠깐 넣어 둘 때 쓰는 방법을 추천해!

테크닉 4
중간 서랍은 큼직한 문구류를 중심으로!

큼직한 문구류나 쓰지 않은 새 문구, 전자사전이나 뮤직 플레이어, 태블릿 PC 등의 전자제품을 넣어도 좋아.

테크닉 5
깊은 서랍은 책이나 프린트를!

가장 깊은 서랍은 무거운 책과 보관해야 할 프린트 등을 수납하면 좋아. 겹쳐 놓으면 꺼내기 힘드니까 세워서 수납하자.

쓰기 편하게, 취향을 살려서 꾸며 보자!

✶ 책상 인테리어 예시 ✶

책상 주변은 기본적으로 내가 쓰기 편리하면 OK! 하고 싶은 일에 맞춰서 책상 주변의 수납공간을 꾸민 예들을 소개할게.

펜을 쭉 진열하니 일러스트레이터가 된 기분

그림 그리는 걸 좋아하는 사람에게는 책상 앞에 컬러 펜을 쭉 진열하는 수납 방식을 추천해. 벽에 봉을 달고 후크로 작은 케이스를 걸기만 하면 완성!

펀칭 보드에
내 맘대로 꾸미기

책상 앞에 커다란 펀칭 보드를 달면 여러 가지 수납이나 장식을 할 수 있어. 내 취향을 살린 공간에서 취미 시간을 즐겨 보자!

심플한 책상은
집중력 최고!

집중해서 무언가를 하려면 딱 필요한 것만 놓인 심플한 책상이 최고지! 벽을 등지고 앉으면 내 사무실이 생긴 것 같아서 어른이 된 기분도 맛볼 수 있어.

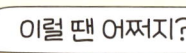
이럴 땐 어쩌지?

공부 구역  &

공부 구역을 정리하는 방법 중 궁금한 점들을 알려 줄게!

 **책상이 없어 거실 탁자에서 공부해요**

 **휴대용 학용품 세트를 마련하자!**

학용품은 꼭 책상에 수납하지 않아도 돼! 하지만 한곳에 모아 두는 편이 정리하기 쉽고 물건을 잃어버릴 일도 없겠지. 그러니까 책장이나 선반에 학용품 전용 공간을 만드는 걸 추천해. 숙제나 공부할 때 항상 쓰는 물건들은 '휴대용 학용품 세트'로 모아서 담아 두면 더욱 편리해!

휴대용 학용품 세트의 내용물은…

- ☐ 필기도구(연필, 지우개, 컬러 펜, 자 등)
- ☐ 공책(뭐든 자유롭게 쓸 수 있는 것)
- ☐ 필요한 참고서 등
- ☐ 연필깎이
- ☐ 작은 솔(지우개 가루를 청소할 때 편리해!)

뚜껑을 열고 닫을 필요가 없는 파일 박스 등에 모아 두면 사용하기 편리해.

교과서, 공책, 연습장 등을 과목별로 파일 케이스에 넣어 두는 것도 추천. 공부할 과목의 파일 케이스만 들고 이동하면 되겠지.

학용품 수납 예

학교 교과서·공책
학교에서 쓰는 물건은 가장 꺼내기 쉬운 곳에 수납하자.

문구류
문구류도 학용품 공간에 같이 수납하면 좋아! 학교 갈 준비를 한꺼번에 할 수 있지.

휴대용 학용품 세트
내 방과 거실을 몇 번씩 들락날락할 필요가 없도록 공부에 필요한 학용품 세트를 마련해 두자.

프린트물
파일에 끼운 다음 세워서 보관하자.

학교 이외의 학습 도구
학교에서 쓰는 물건과 그 밖의 물건은 서로 구분하자.

트롤리 수납도 추천
학용품을 트롤리에 수납하는 것도 좋아. 트롤리째 공부할 곳으로 끌고 가면 '어? 그거 가져오는 걸 깜박했네!' 하는 일도 없겠지!

2 내 방 정리 정돈

 **주말이나 방학이 되면 방이 어질러져요**

 **학습 도구 놔두는 장소를 정해 놓자**

주말마다 가져오는 실내화나 체육복, 학기마다 가져오는 미술 도구, 서예 도구 등등. 평소에는 집에 두지 않는 물건이니까 놔둘 장소가 정해져 있지 않은 경우가 많아. 평소 쓰는 학용품과 다른 곳에 둬도 괜찮으니까 수납할 공간을 따로 마련해 두는 게 포인트야!

여름 방학과 겨울 방학에 방이 어질러져 보이는 원인이 바로 이거였구나!

학습 도구 수납 포인트

1 학습 도구를 수납하는 공간은 늘 비워 두기!

방학 때만 집에 가져오는 물건은 수납공간이 마땅치 않을 때가 많지. 미리미리 공간을 정해서 비워 두도록 하자.

2 여기저기 두지 말고 최대한 한곳에

틈새 공간을 이용해서 여기저기 나누어 수납하면 어디에 두었는지 까먹거나 잃어버릴 수 있어. 학습 도구는 모아서 한곳에 보관하도록 하자.

3 옷장 안처럼 눈에 보이지 않는 곳이 깔끔해

집에 가져오더라도 방학 동안에는 거의 쓸 일이 없지. 조금 꺼내기 불편한 곳에 넣어 두어도 괜찮아!

학습 도구 수납 예

매주 가져오는 물건은 잘 보이는 곳에

실내화나 체육복 등은 매주 월요일이면 학교에 가져가야 하는 물건이야. 그러니까 잊어버리지 않도록 책가방 자리 근처에 두는 게 좋아. 귀여운 바구니라면 방에 두어도 거슬리지 않으니 추천!

학기마다 가져오는 물건은 옷장에

그림물감이나 서예 도구, 리코더, 청소 도구 등은 옷장 안에 수납하는 게 좋아! 가져와서 그대로 휙 넣어 두면 되지. 문을 닫으면 안 보이니까 방이 어질러진 것처럼 보이지도 않아.

ADVICE

옷장과 서랍에는 빈 공간을 만들어 두세요

옷장과 서랍은 잠깐 물건을 넣어 둘 장소로 무척 편리해요. 그러니까 항상 비어 있는 공간을 조금 마련해 두기를 추천해요.

집사의 기습 점검

물론 기습 점검을 할 필요도 없을 정도로 잘 이해하고 계시겠지만, 뭐든 반복 학습이 중요하니까요.

1 방이 어질러지는 첫 번째 원인은 물건이 많기 때문
두 번째는 ☐☐☐☐☐☐☐☐ ☐☐ 때문

2 정리의 3단계는
분류하기 ▶ 수납하기 ▶ ☐☐☐☐

3 물건을 정리할 때는 '필요하다', '필요하지 않다'가 아니라
'☐☐☐☐', '☐☐☐☐ ☐☐'로 판단

4 '어디서부터 정리할지' 고민이라면
☐☐☐ 공간에서 매일 쓰는 곳부터 시작하자.

5. 공부에 집중할 수 있는 방은 어느 쪽일까?

6. 다음 중 책상 주변에 놓기 적당하지 않은 물건은?

A 노트북

B 만화책

C 학원 교재

7. 자주 쓰는 문구류를 넣어 둘 서랍은 A ~ E 중 어느 곳일까?

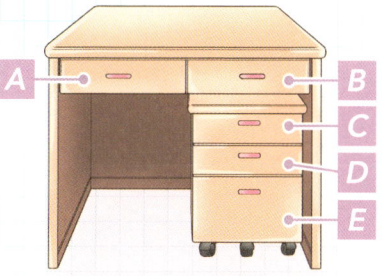

정답

1. 꺼내 놓고 집어넣지 않기
2. 유지하기
3. 사용한다/사용하지 않는다
4. 나만의
5. B(침대가 보이지 않아야 집중할 수 있어!)
6. B
7. B(오른손잡이인 경우)

Part 2 패션 구역 정리 정돈

> 정리도 패셔너블하게!

옷장이 있는데 도대체 왜 옷들이 여기저기에 널려 있는지 이유를 모르겠군요….

그야 옷장 안이 꽉 차 있으니까 그렇지! 더 이상 안 들어간다고~!!

그래요. 애초에 물건이 너무 많아서 그래요! 사이즈가 맞지 않는 옷이나 취향이 아닌 옷도 있겠군요. 이제 안 입는 옷은 과감하게 정리하도록 하죠!

아…알겠어!

Step 1 분류하기

먼저

아이템별로 나누자

옷과 모자, 액세서리 등이 각각 다른 곳에 있으면 코디하기도 어려워! 먼저 옷과 그 외의 아이템(가방이나 모자, 액세서리 등)으로 크게 나누고, 교복과 체육복 등도 따로 분류하자.

옷

패션 아이템

학교 교복 등

다음은 **옷을 계절별로 나누자**

아이템별로 나눈 옷을 다시 계절별로 나누자. 봄, 여름, 가을, 겨울마다 윗옷과 아래옷이 얼마나 있는지 알아 두는 것이 중요해. 그러면 부족한 옷과 불필요한 옷을 파악할 수 있지.

이 과정에서 '더 이상 안 입는 옷'은 처분하세요.

'또 입을까?' '안 입을까?' 판단 차트

놔둘지 처분할지 고민되는 옷은 이 차트를 따라 확인해 봐.

출발

옷 사이즈는 맞아?
- A 아직 입을 수 있다
- B 이제 못 입는다

그 옷은…
- A 마음에 든다
- B 그냥 그렇다

놔두자!
마음에 드는 옷은 꺼내기 쉬운 곳에 수납하자!

옷 상태는 어때?
- A 아직 입을 수 있다
- B 많이 낡았거나 바랬다

입을 기회가
- A 있다
- B 없다

놔두자!
학교 갈 때 필요한 옷은 꺼내기 쉬운 곳에.

버린다 or 다른 곳에 활용한다
옷감을 적당한 크기로 잘라서 청소할 때 써도 좋겠지.

재활용
아직 입을 수 있는 옷이라면 친구에게 주거나 재활용 센터에 기부하자.

옷은 이 정도만 있으면 OK!

계절별 옷장

계절별로 있으면 좋은 아이템을 소개할게!
옷을 정리할 때 참고가 될 거야.

가벼운 소재와 밝은 컬러로 화사한 분위기 코디

새 학기가 시작되는 계절. 가벼운 소재에 기분을 밝게 해 주는 화사한 색이 좋겠지. 새로운 만남도 많으니 캐주얼하면서도 깔끔한 느낌의 패션으로 좋은 인상을 남겨 보자! ★

추천 컬러

| 라벤더색 | 분홍색 | 그린색 | 노란색 |

흰색이나 회색의 기본 컬러에 파스텔컬러로 화사함을 더하자! 포인트 컬러로 남색을 넣어도 좋아.

윗옷(상의)

아직 추위가 가시지 않은 초봄에는 겹쳐 입는 코디가 필수야. 활용도가 높은 아이템을 고르자!

긴팔 티셔츠

7부 소매 니트

무늬 있는 셔츠

아래옷(하의)

봄 느낌이 물씬 나는 풍성한 스커트는 하나쯤 있으면 좋아! 바지도 컬러풀한 것으로 골라 보자.

풍성한 실루엣의 스커트

데님 스커트

컬러 스키니 팬츠

겉옷

얇은 겉옷은 캐주얼한 느낌과 단정한 느낌 2가지 타입을 준비하자.

소품

바람막이

카디건

레깅스

캐주얼, 단정, 스포티...
여름에는
다양한 패션을 즐기자

더운 여름에는 윗옷 하나에 얇은 아래옷을 조합한 심플한 스타일이 대부분이야. 그러니까 디자인을 좀 더 신경 써서 고르는 게 좋겠지. 다양한 스타일의 패션을 시도해 보자!

추천 컬러

빨간색 파란색 하늘색 무지개색

상큼하고 컬러풀한 색이 가장 좋아! 시원해 보이는 셔벗 컬러, 약간 화려한 비비드 컬러도 여름이면 OK!

윗옷(상의)

여름에 많이 입는 티셔츠도 한 장 정도는 유행하는 스타일로 골라 보자. 주말 외출용으로 오프숄더 타입도 빼놓을 수 없지!

박시 티셔츠   블라우스   오프숄더

아래옷(하의)

길이가 짧은 아래옷을 종류별로 가지고 있으면 다양하게 코디할 수 있어.

쇼트 팬츠   치마바지   플리츠스커트

원피스

여름에 아주 유용한 원피스는 기본 스타일과 유행하는 스타일을 하나씩 갖추면 좋아!

소품

셔츠 원피스   캐미솔 원피스   캡 모자, 샌들

가을

가을 컬러 아이템으로 멋진 패션 리더가 되어 보자!

'돌아다니면 아직 더우니까…'라며 언제까지 여름옷만 입을 수는 없지! 계절을 살짝 앞서가는 패션이 스타일리시하거든. 가을옷은 컬러를 신경 써서 고르자. 가을 컬러의 아이템 하나만 더해도 가을 느낌이 물씬 풍기지!

추천 컬러

회색	카키색	캐멀색	머스터드색

가을에는 차분하고 깊이감 있는 색을 추천해. 가을을 대표하는 캐멀색(황토색)이나 회색은 어디에나 잘 어울려서 활용하기도 좋아!

윗옷(상의)

하나만 입어도 되는 아이템과 겹쳐 입을 수 있는 아이템을 둘 다 가지고 있으면 편리해!

긴팔 티셔츠

미들넥 티셔츠

스웨이드 소재의 비스튀에

아래옷(하의)

약간 어른스러운 아이템도 가을이라면 잘 어울릴 거야.

와이드 팬츠

데님 쇼트 팬츠

랩 스커트

원피스

겨울에 겹쳐 입을 것까지 고려하면 심플하게 걸치는 스타일이 최고지!

소품

파카

롱 카디건이나 조끼

하이 삭스

시크한 분위기에
보드라운 소재로
화려함을 더하자!

차분한 컬러가 많아지는 겨울. 시크한 분위기로 연출하는 것도 좋지만 너무 칙칙해지지 않도록 주의하자. 포근한 소재로 화려함을 연출하거나 밝은 컬러의 아이템을 하나쯤 더하기만 해도 훨씬 화사해질 거야.

추천 컬러

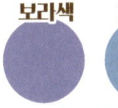 보라색
 회청색
 와인색
 베이지색

하늘색이나 분홍색도 채도가 낮은 톤이면 겨울에 잘 어울려. 흰색과 검은색은 어느 계절에나 기본이지만 겨울에는 특히 활용도가 높지.

윗옷(상의)

겨울 느낌이 물씬 풍기는 니트, 편하게 입기 좋은 하이넥 티셔츠와 후디는 필수품이야.

니트	하이넥 티셔츠	후디

아래옷(하의)

계절에 상관없이 입을 수 있는 데님 팬츠 이외에도 겨울 소재 아이템을 갖추자!

보아 스커트	데님 팬츠	큐롯

겉옷

단정한 코트와 캐주얼한 다운 재킷은 꼭 필요해.

소품

코트	다운 재킷	타이츠, 부츠

step2 수납하기

옷을 깔끔하게 수납하자

다음은 옷장과 서랍에 옷을 수납해 보자. 열심히 고른 예쁜 옷들이니까 오래오래 깨끗하게 입으면 좋지. 각 아이템에 맞는 수납법이 있으니까 수납공간을 고려하면서 어떻게 정리할지 생각해 보자.

> 무턱대고 쑤셔 넣으면 안 돼요!

옷 수납 힌트 1
현재 입는 옷은 앞쪽에, 계절이 지난 옷은 안쪽에

봄이 되면 봄옷과 여름옷을 꺼내기 쉽게, 가을이 되면 가을옷과 겨울옷을 꺼내기 쉽게 위치를 바꾸자.

옷 수납 힌트 2
걸어 둘 옷과 개어 둘 옷을 정하자

옷을 수납하는 방법은 크게 2가지. 옷걸이에 걸어 두는 것과 개어서 넣어 두는 거야. 79~80쪽을 참고해서 정해 보자.

옷 수납 힌트 3
아이템이 한눈에 보이도록 하자

윗옷, 아래옷, 겉옷 등 아이템별로 수납할 곳을 정한 다음 색과 무늬가 잘 보이도록 정리하자.

> 다음 페이지부터는 옷 수납법을 구체적으로 소개할게!

걸어서 보관할 아이템

주름이 지면 안 되는 옷, 개어 두기에 부피가 큰 옷은
옷걸이에 걸어서 옷장이나 행거에 보관하자.

겉옷

원피스

블라우스

스커트

팬츠

Point

아이템별로 모아서 걸어 두면 고르고 꺼내기 쉬워요

각 아이템이 한곳에 모여 있으면 코디할 때 아주 편해! 아이템에 따라 길이도 대체적으로 비슷하니까 보기에도 깔끔하지.

개서 보관할 아이템

걸어 두면 늘어날 수 있는 니트나 티셔츠, 속옷류는 차곡차곡 개서 서랍에 넣어 두자. 바지도 주름이 지지 않는 소재는 개서 놔둬도 OK!

티셔츠
니트
데님 팬츠

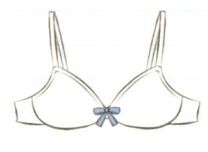

파자마
양말
속옷

Point

서랍의 높이를 고려해서 수납해요

속옷류는 높이가 18센티미터 정도 되는 얕은 서랍에 보관해야 꺼내기 쉬워. 윗옷은 18~24센티미터 정도, 두툼한 윗옷이나 바지라면 24센티미터 이상의 깊은 서랍이 좋아요!

속옷이나 파자마는 욕실 근처에 수납하면 갈아입기 편하겠다!

서랍 안 수납법 소개! 옷마다 다르게 개는 법을 배워 봐요

속옷&양말

칸막이를 이용해서 아이템별로 나누고, 세워서 넣어야 고르기 쉬워.

팬티
무늬가 보이게 넣어야 고르기 쉽겠지!

브래지어&이너
브래지어 컵 모양이 망가지지 않도록 여유 있게 넣자.

양말
정장 입을 때 신을 흰색과 검은색 양말은 안쪽에 넣자.

팬티 개는 법

1. 좌우를 안쪽으로 접는다.

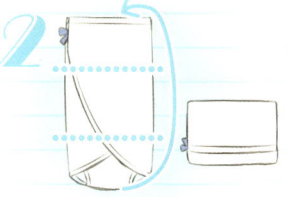

2. 아래쪽 3분의 2 지점에서 접어 올려 허리 고무줄 안으로 끼운다.

브래지어 개는 법

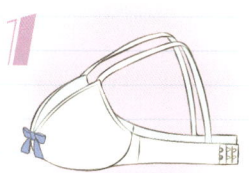

1. 반으로 접어서 컵의 위치를 맞춘다.

2. 스트랩과 벨트를 컵 안쪽에 넣는다.

양말 개는 법

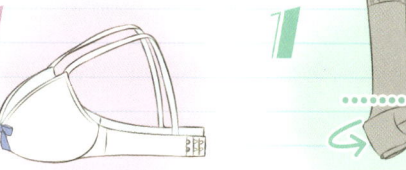

1. 두 짝을 겹쳐서 발끝을 뒤꿈치 쪽으로 접은 다음 발목에서 접는다.

2. 입구를 발끝과 뒤꿈치 사이에 끼운다.

윗옷

소재에 따라 갠 다음 세워서 보관해야 좋은 옷과 뉘어서 보관해야 좋은 옷이 있어.

니트
니트는 형태가 망가지지 않도록 뉘어서 보관.

티셔츠
티셔츠는 세워서 보관해야 고르기 쉬워. 자주 입는 옷을 앞쪽에.

쉽게 개는 법

1. 옷을 반으로 접고 양쪽 소매를 맞춘다.

2. 소매를 접는다.

3. 반으로 접거나 삼등분으로 접는다.

또 다른 방법도 소개할게요. 깔끔하게 갤 수 있으니 다음 방법도 시도해 보세요.

가운데 접힌 선이 없도록 개는 법

등이 위로 오게 놓고 어깨 중간 쯤에서 접는다.

긴 소매는 그림과 같이 접는다.

반대쪽도 같은 방법으로 접는다.

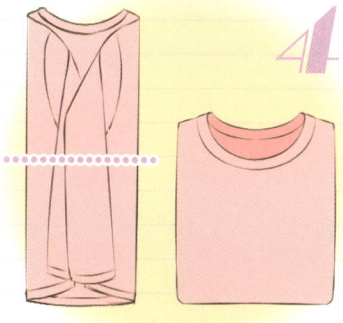

반으로 접거나 삼등분으로 접어서 앞면이 위로 오게 한다.

반으로 접을지 삼등분으로 접을지는 서랍 사이즈에 맞춰서 정하면 되겠지!

완성!

후드가 달린 윗옷 개는 법

1\. 등이 위로 오게 놓고 어깨 중간쯤에서 접는다.

2\. 소매를 그림과 같이 접는다.

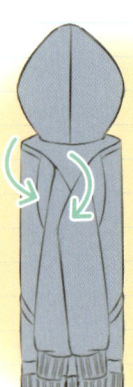

3\. 반대쪽도 같은 방법으로 접는다.

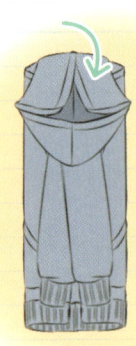

4\. 후드 부분을 아래쪽으로 접는다.

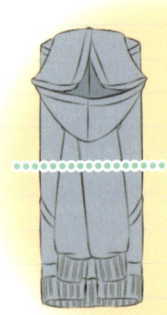

5\. 반으로 접어서 앞면이 위로 오게 한다.

후드가 달린 옷은 삼등분으로 접으면 후드가 접히니까 반으로 접는 게 깔끔해요!

아래옷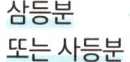

깊은 서랍에 세워서 수납. 세워 놓은 옷이 자꾸 쓰러지면 북엔드로 고정하자.

삼등분 또는 사등분

서랍의 깊이에 맞게 접어서 수납하자.

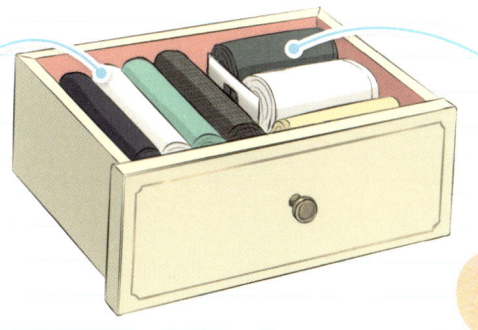

돌돌 말아 수납

구김이 거슬리면 둥글게 말아서 수납하는 것도 좋은 방법.

바지 개는 법

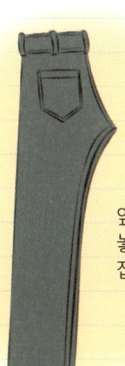

1. 앞쪽이 위로 오게 놓은 다음 반으로 접는다.

2. 엉덩이의 튀어나온 부분을 접는다.

3. 반으로 접거나 삼등분으로 접는다.

둥글게 말 경우에는 허리부터 돌돌 말기!

소품을 수납하자

가방이나 모자, 머플러, 액세서리류 등도 저마다 자리를 정해서 하나하나 잘 보이게 수납하자. 옷과 마찬가지로 계절별로 나눈 다음 계절이 바뀔 때마다 수납 위치를 바꾸도록 해.

액세서리와 모자는 잘 보이게 수납해도 좋겠다!

소품 수납 힌트 1
일상적으로 사용하는 소품은 잘 보이는 곳에

바로 쓸 물건은 꺼내기 쉬운 곳에. 늘 쓰는 가방과 모자는 벽에 후크를 달아서 걸어 두면 좋지.

소품 수납 힌트 2
평소 잘 안 쓰는 물건은 다른 곳에

계절이 지난 물건, 특별할 때만 쓰는 물건은 꺼내기 어려운 곳에 수납해도 괜찮아. 먼지가 쌓이지 않도록 박스나 주머니에 담아 보관해도 좋아.

소품 수납 힌트 3
수납 위치를 하나하나 정하자

액세서리 등 작은 물건일수록 대충 수납하면 찾기 힘들어. 하나씩 잘 보이도록 수납해야 고르기도 쉽고 깔끔해 보이지.

가방&모자

자주 쓰는 물건은 그대로 휙 넣기만 하면 되는 공간을 마련하고, 자주 쓰지 않는 물건은 따로 수납하자.

파일 박스나 북엔드로 칸 나누기

가방과 모자는 형태가 망가질 수 있으니까 하나씩 넣을 공간을 마련하자.

라벨링으로 알기 쉽게!

제자리가 어딘지 알기 쉽게 하려면 라벨 붙이기를 추천해!

머플러

지금 계절에 쓸 것과 아닌 것은 수납 방법이 달라. 주름이 생기지 않도록 주의하자!

계절이 지나면 박스에

돌돌 말아서 바구니나 박스에 넣어 두자.

지금 계절에 쓸 것은 옷걸이에

행거 등에 휙 걸치기만 하면 되는 수납이 최고지!

액세서리 & 헤어 액세서리

귀걸이처럼 짝이 있는 물건은 반드시 세트로 보관하고, 하나씩 구별해서 수납하자.

하나씩 제자리를 정하자

칸을 작게 나눠서 하나씩 수납하자.

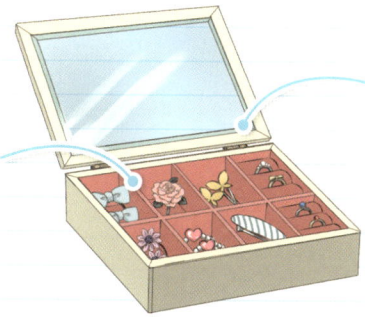

박스가 편리

한 곳에만 놓고 쓸 게 아니라면 뚜껑이 달린 박스를 추천해.

패션 아이템을 정리한 체리의 옷장 대공개!

옷장 수납 예

계절이 지난 옷
옷걸이에 거는 옷은 계절마다 바꿀 거야.

빈 공간
물건이 늘어났을 때 임시로 보관할 수 있는 공간을 마련했어.

지금 계절에 입을 옷만 걸어 두기

모자
형태가 망가지지 않도록 신경 쓰기

속옷과 양말이 들어 있어

가방 놓는 곳

여름옷
개서 놔둬야 할 옷이 적어 여름옷을 여기에 넣어 뒀어. 옷을 고를 때는 걸어 둔 옷과 이 서랍만 보면 되니까 편해.

겨울옷
겨울옷인 니트와 바지를 넣어 뒀어. 부피가 크니까 깊은 서랍이 딱 맞아!

숄·머플러 & 소품류

학용품 공간
학기 말에 집으로 가져오는 학습 도구 수납공간. 평소에는 비어 있어.

비어 있던 문 안쪽에도 수납공간을 만들었어! 천원 숍에서 산 아이템만으로도 쉽게 만들 수 있지!★

문 안쪽에도 수납하자!

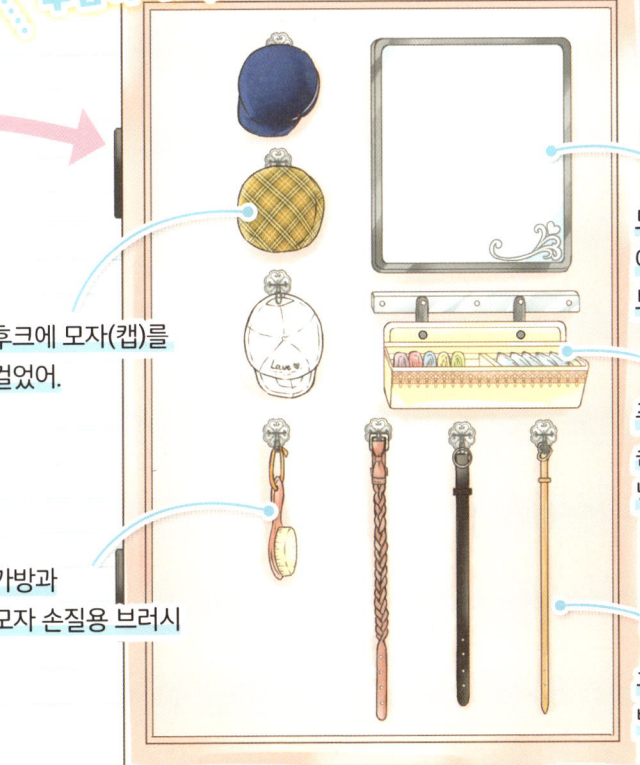

후크에 모자(캡)를 걸었어.

가방과 모자 손질용 브러시

모자와 액세서리가 어울리는지 거울을 보며 확인!

주머니를 달아서 손수건, 티슈를 넣어 뒀어.

후크를 달아서 벨트를 걸었어.

어? 헤어 액세서리는 어디 있죠?

머리 손질은 화장대에서 하니까 그쪽에 수납해 두었지!

가르쳐 줘!

패션 아이템 손질법

 &

마음에 드는 옷을 오래 입으려면 올바른 손질법은 필수야!

 **집에서 세탁해도 되는 옷과 안 되는 옷은?**

 **세탁법은 옷에 표시된 마크를 체크하자!**

옷은 소재에 따라서 세탁법이 달라. 물에 닿으면 줄어드는 옷이나 열에 약해서 건조기에 말리면 안 되는 옷도 있지. 어떤 방법이 좋은지는 옷 안쪽에 달린 태그의 마크를 확인하면 돼. 마크의 의미를 기억했다가 세탁 전에 반드시 확인하도록 하자.

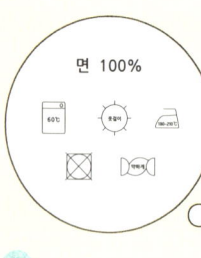

주요 세탁 표시 마크

 통 안에 물이 들어 있는 것처럼 보이는 표시가 세탁법을 나타내는 마크야.

 물 온도 60℃로 세탁. 세탁기, 손세탁 가능. 세제 종류 제한 없음

 물 온도 30℃로 세탁. 세탁기 사용 불가. 약하게 손세탁 가능. 중성세제 사용

 물세탁 안 됨

 드라이클리닝 가능. 용제는 클로로에틸렌 또는 석유계 사용

 드라이클리닝 가능. 용제는 석유계 사용

 드라이클리닝 불가함

 삼각형은 표백제를 사용할 수 있는지 표시하는 마크야.

 염소계 표백제로 표백

 산소계 표백제로 표백

염소계 표백제로 표백할 수 없음

 사각형은 건조 방법을 나타내는 마크. 가운데 그려진 동그라미나 선이 건조 방법을 표시해.

 햇빛에 건조. 옷걸이에 걸어서 건조

 햇빛에 건조. 바닥에 뉘어서 건조

세탁 후 건조할 때 기계 건조할 수 있음

 세탁 후 건조할 때 기계 건조할 수 없음

 손으로 약하게 짬

 손으로 짜면 안 됨

 다림질은
하는 게 좋을까?

 하는 게 좋은 옷과
아닌 옷이 있어

셔츠나 스커트 등은 다림질을 하면 주름이 펴져서 깔끔해 보이지. 하지만 옷에 따라서는 다림질을 하면 옷감이 상하기도 해. 옷감에 따라 설정 온도가 다르니까 다림질을 하기 전에 반드시 태그에 표시된 마크를 확인하자.

세탁이나 다림질은 부모님께서 해 주시겠지만, 조금씩 스스로 해 보면 좋겠지!

취급 표시를 확인하자!

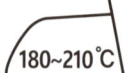 180~210℃로 다림질

 원단 위에 천을 덮고 180~210℃로 다림질

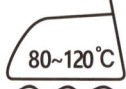 원단 위에 천을 덮고 80~120℃로 다림질

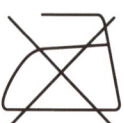 다림질할 수 없음

알아 두면 좋은 다림질 포인트!

포인트 1
스팀 기능은 옷에 따라서!

다리미는 스팀 없이 다리는(열만으로 마무리) 방법과 스팀으로 다리는(수증기를 뿜는다) 방법이 있어. 젖은 옷(자연 건조한 옷 등)이나 합성 섬유로 된 옷은 스팀 없이 하고, 주름을 잡고 싶은 옷이나 얇은 옷은 스팀으로 다리는 걸 추천해.

포인트 2
작은 부분부터 다리자

다림질을 할 때는 소매, 앞판, 등판으로 나눠서 다리자. 이때 큰 부분부터 다리면 작은 부분을 다릴 때 구김이 가기 쉬우니까 옷깃이나 소매처럼 작은 부분부터 다리는 게 좋아.

포인트 4
개기 전에 습기를 없애자

다림질을 한 다음에 바로 옷을 개면 자국이 강하게 남게 돼. 다림질을 한 뒤에는 잠시 옷걸이에 걸어 두었다가 열이 식은 다음에 개자.

포인트 3
재봉선은 당기면서

다리미를 들지 않은 반대쪽 손으로 옷의 재봉선을 판판하게 당기면서 다리자. 주름을 깨끗하게 펼 수 있어.

주의!!
다리미를 사용할 때는 반드시 어른과 함께!

다리미는 안전하게 사용하지 않으면 큰 화상을 입을 수 있어요. 함부로 사용하면 아주 위험하니 반드시 어른과 함께 연습하도록 하세요.

 **계절이 지난 옷은
꼭 다시 집어넣어야 할까?**

 **수납 방법에 따라 집어넣지 않아도 되지만,
옷을 다시 살펴볼 수 있는 좋은 기회야.**

옷장에 모든 계절의 옷이 다 들어간다면 계절별로 옷을 바꿔 수납할 필요가 없겠지. 하지만 계절이 바뀔 때는 옷을 깨끗하게 손질하고 안 입는 옷을 정리할 수 있는 기회이기도 해. 계절이 바뀔 때는 옷을 다시 한 번 살펴보고 손질하는 습관을 들이도록 하자.

Check1
**아직 큰 옷 중에서는
입고 싶은 것만 고르자**

나중에 키가 크면 입으려고 사둔 옷이나 물려받은 옷 등 사이즈가 커서 보관하고 있던 옷이 있다면 그중에서 다가올 계절에 입고 싶은 옷만 골라서 옷장에 넣자.

Check2
**더 이상 입지 않는 옷은
보관할 것과 처분할
것으로 나누자**

물려줄 수 있는 옷이나, 입지는 않더라도 마음에 드는 옷은 보관하자. 옷이 상했거나 보풀이 생겼다면 과감하게 처분!

계절이 지난 아이템 수납법

포인트 1
수납하기 전에는 반드시 깨끗하게

오염된 채 수납하면 얼룩이나 곰팡이, 벌레(좀)가 생길 수 있어. 계절이 지난 옷은 깨끗하게 세탁해서 잘 말린 다음 보관하도록 하자. 집에서 세탁할 수 없는 소재의 옷은 세탁소에 맡기자.

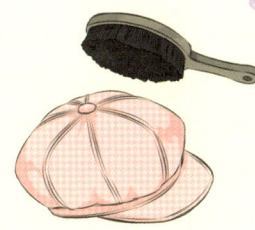

세탁할 수 없는 모자는 브러시로 먼지만 털어 내도 좋아!

포인트 2
먼지나 벌레 피해가 없도록 수납

계절이 지난 옷을 보관할 장소에는 곰팡이, 벌레를 막기 위해 제습제나 방충제를 놓아 두는 게 좋아. 코트처럼 걸어서 보관하는 옷에는 전용 커버를 씌워 먼지가 쌓이지 않도록 하자.

세탁소 비닐 커버는 오래 보관하기에는 알맞지 않고 곰팡이가 생길 수도 있어. 보관 전용 커버를 사용하자.

ADVICE

계절이 지난 옷은
거치적거리지 않는 곳에 수납하세요

서랍이라면 안쪽에, 옷장이라면 손이 잘 닿지 않는 곳이 좋아요. 모든 옷을 진열하려고 애쓰지 말고, 계절이 지난 옷은 평소 사용하지 않는 공간을 활용해서 수납하고, 지금 계절에 입을 옷만 여유롭게 진열하도록 하세요.

집사의 기습 점검

패션 구역의 정리 정돈을 복습해 볼게요. 몇 점부터 합격이냐고요?
만점이 아니면 인정하지 않겠습니다!

1 더 이상 입지 않지만 아직 깨끗한 옷은 ☐☐☐ 하자

2 외투나 원피스는 ☐☐☐ 보관하자

3 니트는 ☐☐ 보관하자

4 옷을 개서 서랍에 넣을 때는 ☐☐☐ 넣는 게 보기 편해.
하지만 ☐☐ 는 뉘어서 수납하자

5

다음 중 집에서 물세탁하면 안 되는 마크는?

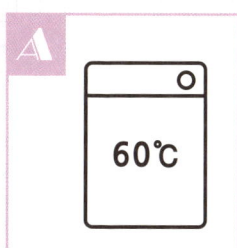

6

◯는 기계 건조할 수 있음, 그렇다면 는?

헹군 다음 손으로 비틀어 ☐ ☐ 안 되는 마크

7

계절이 지난 아이템의 손질 방법으로 옳은 것은?
(옳은 것을 모두 골라 봐.)

A 옷감이 약한 옷이나 스웨터는 세탁하면 옷이 상하니까 눈에 띄는 오염이 없다면 그대로 수납한다.

B 집에서 세탁할 수 없는 소재의 옷은 세탁소에 맡긴다.

C 코트를 수납할 때는 전용 커버를 씌우는 게 좋다.

정답

1. 재활용
2. 걸어서
3. 개서
4. 세워서, 니트
5. B
6. 짜면
7. B, C

Part 3 — 취미 구역 정리 정돈

> 정리해서 더 편리하게!

> 책이나 인형, 취미로 모으는 문구….
> 이렇게 여기저기에 흩어져 있던 물건을 모아서 종류별로 나눠야겠지?

> 네, 정답이에요!
> 좋아하는 물건일수록 잘 정리해서 뭐가 얼마나 있는지 파악해야지, 안 그러면 비슷한 물건을 계속 사게 될 수도 있어요.

step1 분류하기

종류별로 나누자

책을 보거나 장난감을 가지고 놀다가 그 자리에 그냥 내버려 두지는 않니? 먼저 여기저기 어지럽게 널려 있는 책과 게임기, 인형 등을 모으자. 모은 물건은 종류별로 나누는 거야. 더 이상 쓰지 않는 물건은 처분하고, 지금 필요한 것만 남기자.

예를 들면 이렇게 종류별로 구분!

책
- 만화책
- 동화책
- 잡지 등

인형
- 장식할 인형
- 넣어 둘 인형

문구
- 편지지 세트
- 스티커
- 필기구 등

취미 용품
- 게임기
- DVD
- 악기 등

 **수납 방법을 생각하자**

분류한 물건은 어디에 수납할까? 책장이나 선반에 취미 용품을 모아 두는 것도 좋지만 모아 둘 공간이 없다면 책은 책장, 인형은 옷장처럼 종류별로 수납 공간을 마련하는 것도 좋아. 다음의 수납 예를 참고해 봐.

수납공간을 정해서 더 이상 물건이 늘어나지 않도록 하세요!

 놀이 공간 가까이에 수납공간을 두는 것이 좋아. 여기저기에서 놀고 싶으면, 깔끔하게 정리해 들고 다닐 수 있게 담아 놓자.

TV 게임기라면 TV 근처에 수납

TV 게임기는 TV 받침대 등의 수납공간에 넣어 두면 바로 꺼내서 놀 수 있겠지.♪

DVD는 파일 케이스에 모아서 깔끔하게

DVD도 TV 근처에 수납하면 좋은 아이템. 부피를 줄이고 싶다면 파일 케이스에 모아 두는 게 좋아.

게임 소프트는 한 번에 들고 이동할 수 있도록

TV 근처에 수납공간을 만들 수 없거나 여기저기에서 즐기고 싶다면 자주 쓰는 게임기와 부속물은 박스에 담아 놓자. 박스째로 들고 이동하면 돼.

책

책장에 꽂기만 한다고 끝이 아니야! 조금만 신경 써서 넣으면 사용하기도 훨씬 편해지고 깨끗하게 정리할 수 있어.

자주 읽는 책은 눈높이에

자주 넣었다 뺐다 하는 책은 잘 보이고, 손이 잘 닿는 곳에 두자.

책 높이를 맞추자

길이가 긴 책부터 순서대로 꽂자.

빈 공간을 만들어 두자

70퍼센트는 수납, 나머지 30퍼센트는 비워 두는 게 깔끔해 보여.

작은 책은 앞뒤로 넣어도 OK!

안쪽에 넣는 책은 아래쪽에 무언가를 깔아서 높게 자리 잡으면 제목이 잘 보이겠지.

쓰러지기 쉬운 책은 파일 박스에 넣으면 편리

잡지처럼 쓰러지기 쉬운 책은 종류별로 파일 박스에 넣어서 수납하면 좋아.

무거운 책은 아래쪽에 수납

도감처럼 크고 무거운 책은 가장 아랫단에 꽂아야 안정감이 있어.

시리즈는 같이 수납하자

시리즈물은 순서대로 꽂아 두자.

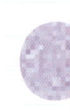

계속 늘어나는 잡지는 어떻게 하지?

잡지는 부피를 줄이자

방을 깔끔하게 유지하려면 '잡지를 두는 공간'을 정해 놓고 늘어나는 만큼 줄여야 해. 하지만 마음에 드는 잡지는 버리기 어렵지. 그럴 때는 마음에 드는 부분만 잘라서 남기거나 사진을 찍어서 데이터로 저장하는 등의 방법을 고민해 보자!

> 마음에 드는 걸 추리는 과정에서 내 취향을 발견할 수 있을지도 몰라!

아이디어 1
마음에 드는 기사만 스크랩!

마음에 드는 페이지나 사진만 오려서 공책에 붙여 보관하는 거야. 내 마음대로 구성하고, 스티커를 붙이고, 생각을 메모하기에도 좋지. 그러면 나만의 취향이 가득 담긴 잡지가 완성!

아이디어 2
사진을 찍어서 데이터로 보관!

스마트폰이나 태블릿으로 마음에 드는 기사를 찰칵! 노트북이나 스마트폰의 앨범 기능을 이용해서 종류별로 앨범을 만들어 보관하면 나중에 찾아보기도 쉬워.

> 참고로, 서점에서 파는 책의 내용을 함부로 사진 찍어 퍼뜨리는 것은 법에 어긋나요. 절대 하면 안 됩니다.

인형

개수가 많다면 장식할 것과 보관한 것으로 나누자. 마음에 드는 인형을 골라 장식하거나 독특하게 장식하면 세련되어 보여.

장식할 인형은 위치를 정해 두자

제자리를 정하지 않으면 여기저기 굴러다니게 될 거야. 선반이나 침대 위, 의자에 앉혀 두는 것도 귀엽겠지.

보관함을 잘 고르면 모아 둬도 귀여워

인형을 여러 개 모아서 장식할 거라면 보관함에도 신경을 써 보자. 빈티지한 느낌의 트렁크 등에 담아 놓으면 귀여운 인테리어 소품이 되지.

귀엽게 수납할 방법을 생각해 보자!

귀여운 인형은 수납할 때도 귀엽게 꾸며 주고 싶어지지. 예를 들어 옷장 안에 해먹을 달아서 인형을 앉혀 놓으면, 수납도 되면서 귀여운 장식 효과까지 있지. 이런저런 아이디어를 내 보자.

인형 손질법

방법 1 빨기

취급 표시 마크를 확인하고, 세탁할 수 있는 인형은 더러워지면 빨자.

1 리본 등의 부속품은 떼어 내고, 세탁용 중성세제를 녹인 미지근한 물에 인형을 담근다.

2 인형을 부드럽게 조물조물 빤 다음 맑은 물이 나올 때까지 충분히 헹군다.

3 마른 수건으로 감싸서 세탁기로 탈수하고, 털을 잘 정리한 다음 그늘에서 말린다.

방법 2 닦기

건전지가 들어 있는 인형 등 물로 세탁할 수 없는 경우에는 닦아 주자.

1 세제액(물 2리터에 중성세제 1작은스푼)과 미지근한 물, 그리고 수건을 2장 준비한다.

2 세제액을 묻혀 꾹 짠 수건으로 인형을 닦은 다음 미지근한 물에 적셔 꾹 짠 수건으로 닦는다.

3 마른 수건으로 물기를 닦은 다음 그늘에서 말린다.

방법 3 드라이클리닝

세탁할 수 없는 인형은 탄산수소나트륨으로 깨끗하게 만들 수 있어.

1 비닐 봉투에 인형을 넣고 그 위에 탄산수소나트륨을 듬뿍 뿌린다.

2 비닐 봉투 입구를 막고 흔들어서 탄산수소나트륨을 인형에 묻힌다. 그대로 햇볕이 드는 곳에 2시간 이상 놔둔다.

3 비닐 봉투를 열어서 인형에 묻은 탄산수소나트륨을 청소기로 빨아들인다.

문구류

자질구레한 편지지 세트나 스티커 등은 종류별로 잘 나눠서 수납하지 않으면 잃어버리기 쉬우니 주의하자!

 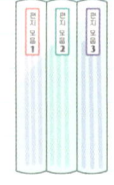 

편지지 세트는 케이스에 담아 세워서 보관하자

편지지 세트는 편지지와 봉투를 같이 보관하자. 서류 케이스에 넣으면 같이 보관할 수 있고 세워서 수납할 수도 있어 사용하기 편리해!

스티커는 지퍼가 달린 주머니에

여기저기 흩어지지 않도록 지퍼가 달린 주머니(팩)에 넣어 두자. 스티커 모양이 보이는 투명한 주머니가 골라 쓰기 편해.

문구 케이스를 마련하자

공책, 메모장, 편지지 세트 등 종류별로 모은 문구는 한 박스에 넣어서 관리하자. 문구류는 무심코 사게 되는 물건이지. 너무 많아지지 않도록 '이 케이스에 담을 수 있을 만큼만' 하고 조절하자!

마스킹 테이프도 한곳에

마스킹 테이프용 스탠드나 케이스 등에 모아 두자.

친구에게 받은 편지는 언제까지 보관하지?

나만의 규칙을 정하자

편지를 받는 건 무척 기쁜 일이야. 하지만 금세 쌓이게 되니까 간직하고 싶은 편지는 확실한 수납 방법을 정해야겠지. '3년까지만 보관하자'라는 식으로 기간을 정하거나 '연하장은 2년까지만 보관하자'처럼 편지의 종류에 따라 규칙을 정할 수도 있어.

편지를 처분할 때는 상대방과 내 이름, 주소를 알아보지 못하게 해서 버리는 게 기본이에요.

편지 수납 아이디어 1

공책에 붙이거나 앨범에 보관한다

공책에 붙여 두면 다시 보기도 좋고 잃어버릴 일도 없을 거야. 작은 쪽지 편지는 특히 이 방법을 추천해. 추억의 사진과 함께 앨범에 붙여도 좋지.

편지 수납 아이디어 2

뚜껑이 달린 케이스나 파일에 관리한다

봉투와 편지지를 그대로 간직하고 싶다면 편지용 케이스나 파일을 마련하자. 케이스는 뚜껑이 달린 것이 좋아. 편지가 늘어나면 추가로 살 수 있도록 기본적인 디자인의 케이스나 파일을 추천해.

오픈형 선반에 취미용품을 수납했어! 정리 포인트를 소개할게★

선반 위는 깔끔하게

선반 위는 먼지가 눈에 잘 띄는 곳이지. 물건을 너무 많이 장식하면 청소하기 힘들어.

작은 식물과 아로마로 힐링 공간

식물과 아로마 디퓨저가 있으면 세련되어 보이지.

디스플레이 공간을 만들었어

내가 만든 인형과 액세서리를 장식해 봤어. 특별한 물건을 몇 개만 장식하는 게 세련되어 보이는 비결!

취미인 수예 용품은 바구니에 담아서 안 보이게

자질구레한 수예 용품은 바구니에 담아서 한곳에 수납했어. 만들고 있는 작품도 같이 넣어 두면 작업할 때 바구니째 들고 이동할 수 있지.

빈 공간이 있으면 세련되어 보여!

모든 공간에 물건이 꽉 차 있으면 답답한 느낌이 들지. 아무것도 놓아 두지 않는 빈 공간을 만드는 것도 중요해.

문구류는 서랍에

공부할 때 사용하는 필기구는 책상 서랍에 넣어 두고 취미로 모으는 메모장이나 편지지 세트 등은 이쪽에 수납했어.

가장 좋아하는 인형이 북엔드 역할까지

마음에 드는 인형을 잘 보이는 곳에 장식했는데, 책이 쓰러지지 않게 고정하는 역할까지 하고 있어.

눈높이에는 좋아하는 책

책은 꺼내기 쉬운 위치에 놔두었어. 꽉꽉 채우면 꺼내기 힘들어서 공간에 여유를 두었지.

잡지는 파일 박스에

쓰러지기 쉬운 잡지는 파일 박스에 넣었어. 평소에는 책등이 보이게 두지만, 친구가 올 때는 파일 박스를 뒤집어서 깔끔하게 보이도록 하지.

ADVICE

오픈형 선반은 보이는 부분과 감추는 부분을 만드는 게 좋아요

모든 걸 보이게 수납하려면 엄청난 센스가 필요해요. 파일 박스(①)와 서랍(②) 등을 이용해서 부분적으로 감추면 누구나 깔끔하게 수납할 수 있죠.

레벨 업 ↗↑ Lesson

센스 있는
학용품 정리법

센스 있는 아이는 학교 준비물도 언제나 깔끔하게 관리하지! 그 비결은 바로 정리법!

짐이 많을 때는 하나로 모으자

물통, 실내화, 체육복까지. 학교 준비물 외에 유난히 짐이 많은 날이 있지. 책가방에 다 들어가지 않으면 큰 보조 가방에 담아 봐. 그러면 양손에 주렁주렁 들지 않아도 되고 깔끔한 스타일을 유지할 수 있어!

등교 복장 Check!

보조 가방은 커다란 천 가방을 고르자! 평소에는 **작게 접어** 책가방에 넣으면 돼.

계절에 맞는 복장이 스타일의 기본! 학교에 입고 가는 옷은 **편안함**도 중요해.

마음에 드는 키링을 하나 달면 **포인트**가 되지!

책가방 안 Check!

책가방 안에도 물건의 위치를 정해 두자

센스 있는 아이는 교과서와 공책도 늘 깔끔하지. 책가방 안이 정리되어 있어서 억지로 쑤셔 넣지 않기 때문이야. 책가방 안에도 물건의 위치를 정해 두면 빠뜨린 물건이 있을 때 바로 알아차릴 수 있어.

넓은 공간에는 **교과서**, **공책**, **필통**. 크기를 잘 맞춰서 **정리**하면 수저통도 들어가.

앞주머니에는 공부와 **관계없는** 물건을 넣기로 했어. **메모장**과 **파우치**는 여기에!

지퍼가 달린 포켓에는 **집 열쇠**처럼 **절대 잃어버리면 안 되는 물건**을 넣자.

가정통신문이나 **프린트**는 **클리어 파일**에 넣었어. **2가지 종류**를 준비해서 하나는 학교에서 받은 가정통신문, 다른 하나는 학교에 제출할 프린트나 숙제용으로 쓰면 좋아.

필기도구 관리법 Check!

아무리 귀여운 연필도 더러우면 꽝! 평소 관리가 중요해

더러워지기 쉬운 필기도구나 필통은 매일 관리가 필요해. 연필에는 꼭 캡을 끼우고, 지우개 가루도 수시로 청소하자. 연필은 매일 깎아서 깔끔한 상태로 유지하도록 해.

> 연필은 **깎은 쪽이 아래로** 가게 넣자. **지우개 가루가 쌓이지** 않았는지도 체크!

상자형 필통

> 귀여운 캡을 끼워서 파우치가 **더러워지는 걸 방지**하자.

파우치형 필통

> **필통** 안쪽과 **자**는 가끔씩 닦아서 **깨끗하게 관리**하자!

> 지우개 커버가 더러워지면 **직접 만들어 봐!**

> 너무 많이 넣어서 **파우치가 빵빵해지지 않도록** 주의!

파우치 Check!

빗과 거울은 **작은 게 좋아!**

고무줄은 작아서 잃어버리기 쉬우니까 늘 **여분**을 넣어 두자.

파우치 안이 **엉망이면** 찾기도 어려워! 물건이 많으면 파우치를 **2개** 사용해도 돼!

깔끔한 책가방에는 파우치가 필수품

손수건이나 티슈 이외에도 일회용 밴드나 립밤, 핸드크림 등 필요한 물건은 아주 많아. 그런 잡다한 물건은 귀여운 파우치에 넣어서 깔끔하게 수납하자! 자주 확인해서 깨끗하게 유지하는 것도 잊지 마.

서랍 상자 Check!

서랍 상자 안에서 여기저기 굴러다니는 물건은 **작은 상자**에 넣어서 잃어버리지 않도록 했어.

교과서와 공책은 **크기순으로** 넣으면 깔끔해.

자주 쓰는 물건은 **앞쪽**에 두자!

서랍 상자 안에서도 물건을 잘 찾을 수 있도록 하자

학교 책상서랍 안은 제대로 정리하고 있니? 서랍 상자를 이용해 교과서와 노트 두는 곳, 문구류 두는 곳을 정해서 늘 깔끔하게 유지해 보자. 상자 안에서 문구가 굴러다닐 때는 칸막이를 만들면 돼.

서랍 상자 깔끔하게 쓰는 아이디어

물건의 위치를 그림으로 표시하자

학용품의 위치를 종이에 그려서 서랍 상자 바닥에 붙여 두면 헤매지 않고 제자리를 찾을 수 있지.

귀여운 칸막이를 만들자★

이왕이면 칸막이도 귀엽게 만들자! 색종이나 마스킹 테이프를 칸막이에 붙이면 내 취향의 칸막이 완성!

낡으면 마스킹 테이프로 꾸미자

종이 상자는 쓰다 보면 가장자리가 찢어지기도 해. 그럴 때는 좋아하는 마스킹 테이프를 붙여서 가려 봐! 약간 찢어지거나 더러워진 정도는 귀엽게 감출 수 있어.

집사의 고민 상담실

방에 대한 질문에 집사가 돌직구로 대답해 드려요!

From : T.T 님
제목 : 입을 옷이 없어요…

내가 꿈꾸는 나 자신에게 어울리는 옷만 남기자!
그렇게 생각하고 옷을 정리해 봤더니, 남은 게 없어요….

 스타일링과 정리 정돈에도 상상력이 필요해요. 지금 가지고 있는 옷으로 창의력을 발휘해 보세요. 새로운 스타일에 눈을 뜨게 될지도 몰라요.

From : 모모 님
제목 : 공부용 책상이 필요할까요?

공부용 책상이 있기는 한데 공부는 거실에서 해요.
책상을 꼭 써야 하는 걸까요?

 어디에서 공부할지는 자유예요. 공부용 책상이 필요 없다면 큰맘 먹고 재활용 센터에 가져다줘도 되겠죠. 하지만 중학생 정도 되면 자기 방에서 공부하게 될지도 몰라요.

 '책장이 없어요. 책 정리법을 알려 주세요!'라는 질문도 있어.

그런 경우에는 선반 위에 파일 박스나 북스탠드를 이용해서 세워 두면 되죠.

Lesson 3

방을 더 감각적으로!

귀엽고 세련된 인테리어 강좌

정리 정돈이 끝났으면

방을 귀엽게 꾸며 보자!

세련된 방으로 꾸미는 포인트를 소개할게.

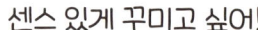

센스 있게 꾸미고 싶어!

세련된 방을 만드는 5가지 규칙

히잉~ 내 맘대로 장식하면 안 되는 거야?

그건 아니지만, 규칙에 따라서 꾸며야 더 편리하면서도 멋진 방이 되거든!

규칙에 따라 만들고 싶은 방의 이미지를 정하자!

방 꾸미기에서 가장 중요한 것은 전체적인 통일감이야. 방의 이미지는 물론, 색이나 장식도 규칙에 따라 곰곰이 생각해 봐. 이미지에 맞춰서 하나씩 고르다 보면 통일감 있는 멋진 방을 만들 수 있을 거야!

26~27쪽에서 생각했던 방의 이미지를 떠올려 보세요.

규칙 1
스타일을 통일하자

예를 들면 '걸리'와 '캐주얼'은 가구나 소품의 스타일이 다르지. 서로 다른 스타일이 한 방에 모여 있으면 통일감 없이 지저분해 보일 수 있어. 내가 좋아하는 스타일에 맞춰서 장식과 소품을 고르자.

걸리 (Girly)

캐주얼 (Casual)

규칙 2

방 컬러는 3가지 정도로

컬러는 방의 분위기를 결정하는 중요한 포인트야. 하지만 색을 너무 많이 쓰면 지저분해 보일 수 있어. 차분하고 세련되게 보이려면 색은 3가지까지만! ▶ 자세한 내용은 **120쪽**

규칙 3

패브릭을 잘 활용하자

침대 커버나 쿠션 커버 등의 패브릭은 색을 잘 골라야 해! 벽이나 원래 있던 가구의 색은 바꿀 수 없지만, 커버 색에 따라서 방의 분위기를 바꿀 수 있어. ▶ 자세한 내용은 **133쪽**

규칙 4

한 곳에만 포인트를 주자

여기저기에 장식을 하기보다 방에 들어왔을 때 딱 눈에 띄는 포인트를 한 곳만 만들어 봐. 아무것도 없는 부분이 있어야 포인트가 더 살아나. ▶ 자세한 내용은 **126쪽**

규칙 5

간접 조명으로 분위기를 살리자

방 전체를 밝히는 조명 외에 부분적으로 밝히는 조명이 몇 개 있으면 방의 분위기가 확 살아나. 조명을 잘 활용하면 수준급의 인테리어를 할 수 있지! ▶ 자세한 내용은 **134쪽**

> 무슨 색으로 할까?

방의 컬러를 정하자

내가 좋아하는 색은 보라색과 분홍색, 흰색, 하늘색. 아! 선명한 빨간색도 좋아!♡

그 색깔을 다 썼다가는 방이 무시무시해 지겠네요….

기본적인 색 사용법을 배우자

방에는 3가지 정도의 색만 사용하는 것이 깔끔해 보여. 하지만 어떤 색을 얼마나 쓸지, 무엇보다 색 조합이 중요해. 예뻐 보이는 색의 균형을 '컬러 밸런스'라고 하는데, 베이스가 되는 색이 70퍼센트, 중심을 잡아주는 색이 25퍼센트, 악센트가 되는 색이 5퍼센트라고 해.

세련된 방의 컬러 밸런스

- 악센트 컬러 **5%**
- 메인 컬러 **25%**
- 베이스 컬러 **70%**

같은 색을 사용하더라도 조합이 다르면 분위기가 확 달라 보이지!

그럼 실제로 세련되게 꾸민 방들의 컬러 밸런스를 살펴볼까요?

베이스 컬러

방의 70퍼센트를 차지하는 건 바닥과 벽, 천장 색이야. 거기에 쓰인 색이 베이스 컬러가 되지. 보통 흰색이 베이스 컬러인 방이 많아.

악센트 컬러

방에 포인트를 주기 위해 쓰는 악센트 컬러. 쿠션이나 소품처럼 작은 아이템에 쓰면 포인트가 되지.

메인 컬러

메인 컬러는 방의 중심이 되는 색이야. 커튼이나 침대 커버, 러그 등에 사용하는 색이 주로 메인 컬러가 되지.

메인 컬러와 악센트 컬러는 무슨 색으로 하지?

바닥이나 벽 등에 사용된 베이스 컬러는 고를 수 없지만, 메인 컬러와 악센트 컬러는 직접 고를 수 있어. 색이 가진 이미지나 원하는 방의 스타일에 맞는 컬러를 참고해서 어떤 색이 좋을지 생각해 보자.

지금 있는 가구와도 어울리는 색이어야겠지!

색이 지닌 이미지

색이 자아내는 분위기는 저마다 달라. 색이 지닌 기본적인 이미지를 알아보자!

밝고 활달한 이미지. 승부운도 UP!

로맨틱하고 부드러운 이미지. 연애운 UP!

금전운에 강한 행운의 컬러. 기분이 즐거워져.

기운이 나는 컬러. 활동적인 사람이 되고 싶다면.

마음을 진정시켜 주어서 차분해지는 컬러.

지적이면서 시원해. 우정운이 높아지는 컬러.

릴랙스 효과가 뛰어난 힐링 컬러. 건강운도 UP!

고급스럽고 세련된 컬러. 어른스러운 이미지.

깨끗하고 순수한 이미지. 기분전환이 되는 컬러.

쿨하면서도 고급스러워 보이는 컬러.

차분한 인상으로 기분을 편안하게 해 주는 컬러.

방 스타일별 추천 컬러

방 스타일에 어울리는 컬러를 소개할게.

심플
Simple
▶ 10쪽

흰색이나 옅은 회색을 메인으로, 하늘색과 노란색을 악센트 컬러로 하는 걸 추천해.

걸리
Girly
▶ 12쪽

밝고 활달한 이미지. 승부운도 UP!

내추럴
Natural
▶ 14쪽

흰색은 물론, 베이지색이나 나무를 떠올리게 하는 갈색, 이파리 색인 녹색이 베스트.

캐주얼
CASUAL
▶ 16쪽

가구는 검은색이나 베이지색으로 차분하게 하고, 소품을 컬러풀하게!

쿨&큐트
COOL &CUTE
▶ 18쪽

흰색과 검은색의 모노톤을 기본으로 하고, 라벤더색이나 분홍색을 살짝 넣어 봐.

색 조합을 생각해 보자

색은 빨강, 노랑, 파랑의 기본색 이외에도 여러 종류가 있어. 예를 들면 빨강에도 밝은 빨강이나 어두운 빨강이 있고, 옅은 빨강이나 선명한 빨강도 있지. 그래서 색 조합은 사실 쉬운 일이 아니야. 하지만 누구나 색을 예쁘게 조합할 수 있는 기본적인 패턴이 있지!

지금부터 소개할 4가지 패턴을 이용하면 실패하지 않을 거야!

조합 패턴 1

같은 계열

그러데이션으로 중첩되는 색을 즐기자!

색 조합에서 가장 실패할 일이 없는 패턴이 바로 이거야! 베이지색과 갈색을 조합하는 것처럼 같은 계열의 색 안에서 짙고 옅은 정도로 변화를 주면 분위기가 고급스러워지지.

짙은 색

옅은 색

차분하고 좋은 느낌이 들어!

이런 색 조합도 있어!

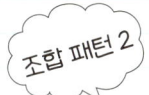

같은 톤

여러 가지 색을 쓰고 싶다면 밝기를 맞춰 봐!

톤이란, 색의 밝기나 선명함을 뜻해. 빨강, 파랑, 노랑처럼 완전히 다른 색을 쓰고 싶을 때에도 톤이 비슷하면 위화감 없이 어우러질 수 있어!

이런 색 조합도 있어!

이런 색 조합도 있어!

비슷한 색

비슷한 색으로 맞추면 자연스러워

노랑과 연두, 보라와 군청색처럼 비슷한 색을 쓰면 통일감이 생기지! 하지만 강약 조절이 어려울 수도 있어. 짙은 색을 악센트 컬러로 쓰면 좋아.

반대색

효과는 확실! 인테리어 감각이 있다면 도전

반대색은 어울리지 않는다고 생각하기 쉽지만 사실 서로의 색을 돋보이게 만들어주는 좋은 조합이야. 주황과 파랑, 노랑과 보라 등의 조합에서 둘 중 하나를 악센트로 사용해 봐.

악센트 컬러

이런 색 조합도 있어!

> 조금만 꾸며도 훨씬 예뻐져!

방 꾸미기로 더욱 센스 있게!

방에서 꾸미고 싶은 부분이 어디일까? 눈에 띄게 하고 싶은 포인트를 정해 봐

방 컬러를 정했다면 다음은 방을 꾸며 보자! 장식이나 조명 등 방을 예쁘게 만드는 방법은 다양한데, 이것저것 다 하다 보면 지저분해 보이기만 할 거야. '여기를 눈에 띄게 만들고 싶어!'라고 생각하는 부분에 포인트를 맞춰서 꾸미는 게 요령이야.

> 조금만 꾸며도 방의 분위기를 확 달라지게 할 수 있어!

방 꾸미기 아이디어 1

벽을 꾸며 보자

방에서 가장 넓은 공간을 차지하는 게 벽이야. 벽에 포인트를 맞춰서 꾸미면 시선이 위로 향하니까 방의 인상도 바뀌지. 하지만 벽을 꾸밀 때는 가족들과 상의한 후에 하도록 하자.

Point

1. 한쪽 면만 꾸미자.
2. 방의 이미지에 맞는지 확인하자.

벽 꾸미기 1
벽 스티커로 꾸미기

굳이 벽지를 바꾸지 않아도, 붙이기만 하면 방의 인상이 달라지는 편리한 아이템! 벽면 전체에 붙이는 것에서부터 포인트가 되게 붙이는 것까지 다양한 종류의 스티커가 있어.

벽 꾸미기 2
마스킹 테이프로 꾸미기

벽을 도화지 삼아서 내가 좋아하는 일러스트나 무늬를 디자인할 수 있는 게 마스킹 테이프만의 매력. 폭이 넓은 테이프라면 벽 전체를 스트라이프 무늬로 꾸밀 수도 있어!

벽 꾸미기 3

갈랜드로 꾸미기

벽 꾸미기의 정석인 갈랜드는 깃발 형태 외에도 여러 가지 모양이 있어. 너무 유치해지지 않게 하려면 차분한 색을 고르는 게 포인트야.

직접 그린 일러스트로 갈랜드를 만드는 것도 좋은 아이디어!

모양이 서로 다른 갈랜드를 조합해도 귀엽겠지!

갈랜드는 직접 만드는 것도 좋아! 139쪽에 만드는 방법이 있으니까 참고해 봐.

태슬 갈랜드는 어른스럽고 세련된 느낌 ♪

벽 꾸미기 4

액자로 꾸미기

커다란 액자 하나를 장식하는 것도 좋지만, 작은 액자를 여러 개 거는 것도 예쁘고 세련돼 보여. 인테리어 감각에 자신이 있다면 모양이나 크기가 다른 액자를 조합해 보자!

액자만 장식해도 되고, 안에 일러스트나 무늬를 넣어도 귀여워~♡

천의 무늬를 감상할 수 있는 패브릭 액자는 마치 예술 작품 같지!

같은 크기의 액자를 여러 개 나란히 진열하는 것도 존재감이 뚜렷해서 좋아요.

3 귀엽고 세련된 인테리어 강좌

방 꾸미기 아이디어 2
행잉으로 꾸며 보자

행잉이란, 물건을 '걸어서 늘어뜨리는 것'을 말해. 모빌이나 화분을 천장이나 창가에 걸어서 공간을 장식해 보자! 방에 입체감과 변화가 생기는 좋은 포인트가 될 거야. 하지만 사람이 다니는 데 방해되지 않는 곳에 걸어야 해.

Point

1. 무게에 주의하자.
2. 창가 근처 등 공기가 순환되는 곳에 걸어 흔들림을 감상하는 것도 좋다.

천장이나 창가에 거는 인테리어 소품으로 인기 만점인 모빌. 좋아하는 모티브를 이용해서 직접 만들어도 좋아!

행잉 꾸미기 1
모빌로 꾸미기

바람에 살랑살랑 흔들리는 모빌은 그 움직임을 보기만 해도 힐링이 되는 멋진 인테리어 소품이야. 여름에는 물고기 모티브, 겨울에는 크리스마스 모티브처럼 계절감을 느낄 수 있는 아이템을 이용해도 좋지.

방 꾸미기 2

식물로 꾸미기

관엽 식물을 걸어 두는 '행잉 플랜트'. 하나만 걸어 놓아도 방이 밝고 세련된 분위기로 바뀌지. S자 후크를 이용해서 커튼레일에 걸면 벽이나 천장에 구멍을 뚫지 않아도 OK!

매달아 두기만 해도 세련된 느낌! 거는 곳(레일이나 후크)이 무게를 지탱할 수 있는지 꼼꼼하게 확인하자.

③ 귀엽고 세련된 인테리어 강좌

관엽 식물 고르는 법

먼저 관엽 식물 둘 자리를 정하자. 식물이 성장하려면 빛이 꼭 필요한데, 식물의 종류에 따라서 필요한 빛의 양이 달라.

● 볕이 잘 드는 곳
▶ 파키라, 고무나무 등.

● 그늘
▶ 몬스테라, 아글라오네마 등.

아이비나 스킨답서스(포토스)는 키우기 쉬운 종류니까 초보자에게도 추천!

방 꾸미기 아이디어 3
침대를 꾸며 보자

방 안에서도 큰 비중을 차지하는 것이 바로 침대. 침대 위가 엉망이면 아무리 방을 예쁘게 꾸며도 지저분해 보여. 그러니까 먼저 침대를 정리하는 습관을 기르자! 깨끗하게 정돈하면 귀엽게 꾸민 침대가 더욱 돋보일 거야.

침대를 귀엽게 꾸미면 방 분위기도 바뀌지~♪

＼ 먼저 이것부터! ／

아침에 일어나면 이불을 정돈하자

1 아침에 일어나면 바로 이불을 반 정도 걷어줘. 이불 안에 차 있던 습기를 없애기 위해서야.

2 학교에 가기 전에 이불을 다시 덮어서 침대를 정리하자. 베개와 쿠션도 팡팡 두드려서 모양을 정돈해 줘!

침대 꾸미기 1
캐노피로 꾸미기

캐노피는 인테리어 숍에서 살 수 있지만 직접 만들 수도 있어. 원형 핀치 행거에 천을 끼우면 돼.

공주가 된 기분을 맛볼 수 있는 캐노피. 귀엽기는 하지만 조금 과하다는 생각이 든다면, 옅은 회색 등의 차분한 컬러를 골라 봐. 어른스러우면서도 귀여운 분위기를 연출할 수 있어!

침대 꾸미기 2
침대 커버 & 쿠션으로 꾸미기

핑크색 침대 커버가 돋보이도록 쿠션 커버는 하늘색과 노란색으로 골랐어!

침대 커버 위에 침대 스로우를 깔면 더 세련되어 보여!

포인트 컬러가 되는 침대 커버를 깔고, 베개 외에 쿠션을 여러 개 놓아 두면 살짝 럭셔리한 느낌이 들지.

방 꾸미기 아이디어 4
조명을 바꿔 보자

조명은 방 전체를 밝게 비추는 것이 좋아 보이지. 하지만 세련된 방을 만들고 싶다면 전체 조명 외에 간접 조명을 추천해! 은은한 불빛이 마음을 편안하게 해 주고, 방 분위기를 연출하는 데도 그만이지. 빛을 이용한 인테리어를 궁리해 보자.

1. 공부할 때는 방을 밝게
2. 편안히 쉴 때는 부드러운 조명으로

조명을 고를 때 주의할 점

부분적으로 어두운 곳과 밝은 곳이 생기지 않도록 하자

밝은 곳과 어두운 곳의 차이가 크면 눈이 밝기에 따라 조절을 반복하기 때문에 시력이 나빠지는 원인이 될 수 있어. 눈을 많이 쓰는 작업(공부나 독서 등)을 할 때는 방 전체와 작업 공간의 밝기를 비슷하게 유지하도록 하자.

늘 밝은 빛을 보는 것은 눈에 좋지 않아요. 자기 전에는 부드러운 빛으로 바꾸도록 하세요.

조명 꾸미기 1
갈랜드 조명으로 꾸미기

전구를 갈랜드처럼 이어 붙인 조명은 빛을 이용한 인테리어에 딱이야. 세련되고 따뜻한 분위기를 내면서 편안한 공간을 연출해 주지.

침대 주위에 갈랜드 조명을 달고 자기 전에 따스한 휴식 시간을 즐겨 보자. 하지만 계속 켜두지 않도록 주의해야 해.

조명 꾸미기 2
캔들 조명으로 꾸미기

마치 양초를 켠 것처럼 보이는 캔들 모양 조명. 장식품을 놓아 둔 곳에 함께 진열하면 빛이 포인트가 되어서 훨씬 화려한 분위기를 연출할 수 있어.

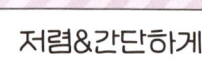
저렴&간단하게!

귀여운 인테리어 소품을 만들자

방 꾸미기로 이미지를 확 바꾸는 것도 좋지만, 귀여운 소품 몇 가지만 더해도 세련된 인상을 줄 수 있답니다.

내가 이걸 다 만들 수 있다고?!

그럼요! 하지만 만들 때는 다치지 않도록 특히 주의하세요.

핸드메이드의 주의 사항

1 도구 관리를 확실하게 하자

가위나 칼 등은 쓰고 나면 바로 제자리에 돌려놓자.
굴러다니게 두면 다칠 수 있어!

2 재료와 만드는 방법은 스스로 고민해 보자

여기서 소개하는 건 아주 기본적인 방법이야!
만드는 방법과 재료를 스스로 생각해서 바꾸어도 좋아.

3 뒤처리도 잊지 말자

도구나 남은 재료는 잘 정리하고 쓰레기는 바로 버리자.
모처럼 귀여운 소품을 만들었는데 방이 더러우면 아무 소용없겠지?

Making 1
인형 리스

우아!♥ 내가 아끼던 인형을 버리지 않고 재활용할 수 있다니, 좋아!♪

귀엽고 세련된 인테리어 강좌

재료
- 나무 리스 틀
  (천원 숍이나 인테리어 숍에서 살 수 있어)
- 작은 인형
  (오래된 인형을 재활용해도 좋아)

도구
- 접착제
- 반짇고리

만드는 법

1. 나무로 된 리스 틀에 인형을 어떻게 붙일지 구상한다.

   귀엽게 만드는 요령
   인형을 비슷한 색끼리 모으는 게 좋아!

2. 배치를 정했으면 접착제로 인형을 리스 틀에 붙이자. 실과 바늘로 꿰매도 OK.

137

Making 2
이니셜 파일 박스

재료

● **목제 이니셜**
(천원 숍이나
인테리어 숍에서 살 수 있어)

● **파일 박스**
(천원 숍이나 문구점에서 살 수 있어)

도구

● 접착제, 양면테이프
● 아크릴 물감

만드는 법

1 아크릴 물감으로 목제 이니셜에 색을 칠하자!

> 귀엽게 만드는 요령
>
> 물방울무늬나 줄무늬처럼
> 무늬를 그려도 귀여워.♪

2 아크릴 물감이 마른 다음 접착제 또는 양면테이프로 파일 박스에 붙이자.

> 숫자를 붙여도
> 귀여워요!

Making 3
자투리 천 갈랜드

내 방에는 어떤 무늬가 어울릴까?

3 귀엽고 세련된 인테리어 강좌

재료

- 천
  (못 입는 옷을 이용해도 좋아)
- 끈

도구

- 가위
- 접착제

만드는 법

1. 좋아하는 무늬의 천을 깃발 모양으로 잘라. 천을 반으로 접어서 옆의 그림처럼 자르면 돼.

2. 잘라낸 천 뒷면 전체에 접착제를 바른 다음 가운데에 실을 끼우고 붙이자.

Making 4
액자 액세서리 스탠드

내가 직접 만든 액세서리를 이렇게 장식하면 멋지겠다!♥

재료

● **액자**
(천원 숍에서 살 수 있어)

● **후크**
(양면테이프, 접착식으로 고르자)

● **펠트**

도구

● **접착제**

만드는 법

1. 위에서 둘 중 오른쪽의 목걸이 스탠드를 만드는 법이야. 액자 뒤판에 펠트를 붙이고 후크를 나란히 붙이면 완성!

2. 왼쪽의 반지와 귀걸이 스탠드를 만드는 법이야. 펠트를 액자 폭에 맞춰 자른 다음 돌돌 말아서 원통 모양으로 만들자. 같은 모양을 여러 개 만들어서 액자 뒤판에 나란히 붙이면 완성!

Making 5
나만의 클리어 케이스

귀엽고 세련된 인테리어 강좌

재료

- **클리어 케이스**
  (천원 숍에서 살 수 있어)
- **좋아하는 무늬의 종이**
  (색종이도 좋아)

도구

- **가위**
- **양면테이프**

만드는 법

1. 좋아하는 무늬의 종이를 클리어 케이스 서랍 바닥 사이즈에 맞춰서 자르자.

2. 자른 종이를 양면테이프로 서랍 바닥에 붙여. 서랍마다 무늬가 다른 것도 세련돼 보여!

서랍에 손잡이를 만들어 붙여도 귀엽지!

이럴 땐 어쩌지…?

문제 있는 방 변신 비법

방이 좁아도, 형제자매와 같이 써도 조금만 궁리하면 귀엽게 꾸밀 수 있어!

어떻게 하면 좁은 방을 넓게 쓸 수 있을까?

가구 배치와 방에 사용한 색을 검토해 보자

방은 아무것도 없는 공간이 있어야 넓어 보여. 가구로 공간이 나뉜 경우에는 큰 공간이 생길 수 있도록 가구 배치를 고민해 보자. 또 바닥 색이 밝은 쪽이 넓어 보이니까 러그 등을 밝은 색으로 골라도 좋지.

> 가구가 낮은 쪽이 방도 넓어 보여요. 하지만 가구를 살 때는 물건을 충분히 수납할 수 있는지도 잘 살펴봐야겠죠.

가구 배치 예

BEFORE

공간이 좁게 분산 되던 방에…

AFTER

넓은 공간이 생겼어!

창문은 최대한 가리지 않도록 하자!

가구가 없는 벽이 있으면 개방감이 생겨.

가구는 최대한 벽에 붙이자.

컬러 변화 예

BEFORE

짙은 색의 러그를 깔면 좁아 보이지만…

AFTER

밝은 색 러그를 깔면 넓어 보여!

형제·자매와 같은 방을 써. 나만의 공간이 필요해!

가구를 칸막이로 활용하면 개인 공간을 만들 수 있어!

한 방을 나눠서 쓸 때는 가구를 이용하면 효율적이야. 2층 침대를 방 한가운데에 놓으면 높이가 있어서 공간을 확실하게 나눌 수 있지. 나누는 방법은 그 밖에도 여러 가지가 있으니 상황에 맞는 방법을 생각해 보자!

BEFORE 책상과 책장을 나란히 놓았는데…

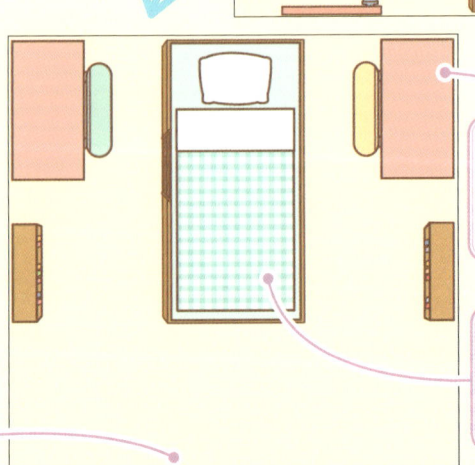

AFTER

2층 침대를 칸막이처럼 가운데에 놓고 좌우에 책상과 책장을 각각!

책상을 각자 벽을 향하게 두면 좀 더 개인적인 느낌!

높이가 있는 2층 침대가 칸막이 역할까지!

둘이 함께 쓸 수 있는 공간이 있는 것도 좋지!♪

침대 외에 다른 방법으로 칸막이를 하고 싶다면...

파티션으로 나눈다

파티션이라면 좁은 공간도 분리할 수 있어. 완전히 가릴 필요가 없는 경우에는 반투명 타입을 고르면 공간의 넓이와 빛을 그대로 살릴 수도 있지.

옷장으로 나눈다

옷장이나 책장은 칸막이 겸 수납공간으로도 활용할 수 있어서 추천해. 벽처럼 확실하게 분리하고 싶다면, 이동식 칸막이용 옷장도 있으니까 가족들과 상의해 봐.

책상과 선반으로 나눈다

앞에 선반이 달린 책상이라면, 책상끼리 붙여서 배치하기만 해도 간단하게 칸막이가 완성돼! 책상 옆에 책장까지 나란히 등을 맞대고 배치해도 좋지.

 **전통 가옥의 방도 세련되게 만들 수 있을까?**

 **카페처럼 꾸며서 복고풍 분위기를 살리자!**

전통 가옥이라고 세련된 분위기를 내지 못하란 법은 없어! 포인트를 살리면 귀엽게 꾸밀 수 있지. 나무의 느낌을 살린 카페풍 인테리어를 추천해. 여러 가지 색을 쓰기보다 심플하게 통일해야 더 세련되어 보일 거야!

BEFORE 전통 가옥은 예쁘게 꾸밀 수 없을 것 같지만…

꾸미기 포인트 1

넓은 면을 커버하면 분위기가 바뀌지!

전통 가옥 중에서도 넓은 면적을 차지하는 것이 바로 나무 바닥과 장지문. 바닥 위에 러그를 깔거나 세련된 무늬의 천을 문 위에 장식하면 예스러운 느낌을 줄일 수 있어.

꾸미기 포인트 2

나무와 식물은 최고의 궁합!

장지문이나 기둥에 나무가 많이 쓰이니까 목재 가구와 궁합이 아주 좋아! 심플한 목재 가구에 식물을 곁들이면 내추럴하면서도 깔끔한 방이 완성되지.

AFTER 내추럴한 인테리어와 식물로 세련되게 변신!

3 귀엽고 세련된 인테리어 강좌

문틀에 식물을 걸어서 이미지를 바꾸었어!

벽 꾸미기와 행잉으로 시선을 위로 끌어올리면 낮은 바닥도 신경 쓰이지 않지!

러그나 가구는 흰색 계열이 좋아!

바닥에 러그를 깔아도 좋아!

ADVICE

전통 가옥은 인테리어에 따라 엄청나게 세련된 공간이 된답니다

기본 구조에 얽매이지 말고, 따뜻한 분위기를 살린 인테리어를 시도해 보는 걸 추천해요. 낮은 테이블과 낮은 소파를 두는 등 전통 가옥 특유의 좌식 스타일도 운치 있답니다.

147

 **친구들에게 인기 있는 방은 어떤 방일까?**

 **꾸민 듯 안 꾸민 듯한 느낌과 배려가 중요해**

무엇보다 깨끗하게 정리할 것! 여기저기에 물건이 굴러다니면 친구들도 편안하게 쉴 수 없겠지. 어떻게 해야 친구들이 기분 좋게 놀다 갈 수 있을지를 먼저 생각해 보자. 친구들이 사용할 슬리퍼나 쿠션을 귀여운 것으로 준비하면 틀림없이 좋아할 거야!

친구 초대 포인트 1

좋은 향기로 맞이하자

방의 인상은 향기에 따라 좌우돼. 룸 디퓨저를 두어서 오갈 때마다 살짝 향이 풍기게 하는 정도가 좋아.

친구가 오기 5분 전의 정리 체크!

- ☐ 쓰레기가 떨어져 있지 않니?
- ☐ 쓰레기통의 쓰레기는 비웠니?
- ☐ 책상과 테이블 위는 깨끗해?
- ☐ 침대는 정돈했니?
- ☐ 방 환기는 했니?
- ☐ 화장실, 세면대는 깨끗해?

친구 초대 포인트 2

추억의 사진으로 이야깃거리를!

친구나 가족과 찍은 사진을 장식하는 것도 추천해. 놀러 온 친구들과 찍은 추억의 사진이 있다면 친구를 소중하게 여기는 마음이 전해져서 기뻐할 거야.

친구 초대 포인트 3

사이드 테이블이 있으면 편리해!

같이 과자를 먹거나 음료수를 마실 때는 아무래도 테이블이 있어야 편리하겠지? 테이블이 없을 때는 작은 원형 의자 등을 이용해도 괜찮아.

친구 초대 포인트 4

친구가 앉을 곳에는 폭신한 쿠션을!

친구가 어디에 앉으면 좋을지도 생각하자. 침대에 앉는다면, 친구가 신경 쓰지 않고 편하게 앉을 수 있도록 담요를 깔아 두자. 바닥에 앉는다면 쿠션이나 방석이 있으면 좋겠지!

집사의 고민 상담실

방에 대한 질문에 집사가 돌직구로 대답해 드려요!

From : 유즈 님
제목 : 너무 화려한가요?

'방의 컬러는 3가지까지'라고 하셨는데요, 옷을 방에 걸어 두고 싶은데 제 옷은 컬러풀해서 색깔이 3가지가 넘어요.

 무엇을 우선시할지 생각하세요. 꺼내기 편리한 게 먼저라면 3가지 색 규칙에 얽매이지 말고 걸어 두면 돼요. 깔끔해 보이는 게 먼저라면 안 보이게 감추는 수납이 좋겠죠.

From : P 님
제목 : 어째서죠?

갈랜드를 만들어 봤는데 세련되어 보이지가 않아요.
어째서 그럴까요?

 이런 말씀 드리기 뭐하지만, 타고난 센스의 문제일지도···.
124쪽을 참고해서 색 조합을 고민해 보면 어떨까요?

 '방이 예뻐지면 인기가 많아지나요?'라는 질문도 있어~!

인기가 많아질지는 모르겠지만 매력의 하나임은 분명하죠.

Lesson 4

이제 절대 어지르지 않을 거야!

깨끗한 방을 유지하자

마음먹고 깨끗이 정리했는데 며칠 지나자

다시 원래 상태로…

그렇다면 너무 슬프겠지?

정리 습관을 들여서 깨끗한 방을 유지하자!

> 어지르지 않기 위해서는…?

정리의 규칙을 정하자

나, 방이 깨끗하다고 칭찬받았어! 방이 정리되니까 기분도 좋고, 정리하기를 잘했어!

그렇죠? 모처럼 깨끗하게 정리했으니, 이 상태를 유지하도록 노력해 봐요!

정리의 규칙을 날마다 습관화하자

아무리 깨끗하게 정리해도 지금까지처럼 생활한다면 분명 다시 어질러질 거야. 깨끗한 상태를 유지할 수 있도록 내 행동을 되돌아보자. 아래의 3가지 원칙을 지키면 깨끗한 방을 유지할 수 있어!

다음 페이지부터 3가지 원칙을 자세히 설명할게요.

깔끔함을 유지하는 3가지 원칙

 원칙 1 꺼냈으면 집어넣는다

 원칙 2 정리 시간을 정한다

 원칙 3 물건이 늘어나면 체크한다

원칙 1 '꺼냈으면 집어넣기'를 생활화하자

방이 어질러지는 이유를 기억하니? 물건이 많은 것과 꺼낸 다음 집어넣지 않는 것이 원인이었지(28~29쪽 참고). 정리 정돈을 해서 물건이 줄어들었으니, 이제는 그때그때 수납하는 습관을 기르자! 물건을 꺼냈으면 반드시 원래 있던 자리에 돌려놓는 거야. 이걸 습관화하려면 쉽게 정리하는 법을 알아야 해.

이 원칙만 지켜도 방은 항상 깨끗할 거야!

쉽게 정리하는 법을 생각해 보자

방법 1

작업 공간을 정한다

공부를 하거나 취미 활동을 하면서 물건을 꺼내 놓을 때, '이곳에서만 한다'라고 정해 두면 정리를 습관화하기도 쉬워. '그걸 어디다 두었지?'라고 고민하는 일도 없을 거야.

방법 2

나에게 맞는 정리법을 찾는다

기본적으로 작업 공간 가까이에 수납공간이 있거나 청소 도구가 놓여 있으면 정리도 어렵지 않아. 여러 가지 시도를 해 보고 나에게 가장 편한 정리 방법을 찾아보자.

방법 3

쓰레기통은 편리함이 우선

깨끗한 방을 유지하려면 쓰레기를 버리기 편하게 하는 것도 중요해. 뚜껑이 달린 작은 쓰레기통이 쓰기 불편하다면, 입구가 넓고 용량이 큰 쓰레기통을 두면 되지.

원칙 2 — 하루 중에 '정리 시간'을 정하자

'자기 전에는 반드시 방 정리하기' 처럼 하루 중에 한 번이라도 좋으니 방을 정리하는 시간을 만들자. 예를 들어 하루 일과가 끝나고 방을 깨끗하게 정리한다면 다음 날 기분 좋게 하루를 시작할 수 있겠지.

> 저녁 식사 전이나 학원 가기 전 등 스스로에게 편한 시간을 정해 보세요.

아침에 정리하면…

집에 돌아왔을 때 기분이 좋아!

밤에 자기 전에 정리하면…

아침에 일어났을 때 기분이 좋아!

원칙 3 — 물건이 늘어나면 '정기적으로 체크'하자

시간이 지나면 물건이 늘어나는 건 당연해. 또 자라면서 필요한 수납공간이나 방의 쓰임새도 바뀌게 되겠지. 그러니까 무엇보다 정기적으로 물건을 다시 체크하는 것이 중요해! '다음에 하자…'라고 미루지 말고 체크할 시기를 구체적으로 정해 두자.

새로운 물건이 늘어나는 시기에 체크하는 게 효율적이야!

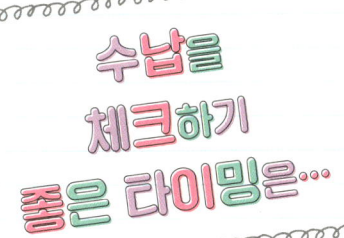

수납을 체크하기 좋은 타이밍은…

학기가 끝날 때

학기가 끝날 때는 새로운 교과서나 학용품이 늘어나게 되니까 책상 주변과 학용품을 체크하기 딱 좋은 기회야. 새 학기를 상쾌하게 맞이할 수 있어.

옷 위치를 바꿀 때

옷 등을 정리해 둔 패션 구역은 계절이 바뀌면서 옷의 위치를 바꿀 때 '입는 옷'과 '입지 않는 옷'을 정리하는 게 효율적이야. 새로 살 옷도 파악할 수 있으니까 낭비도 막을 수 있지.

이벤트 전에

생일이나 크리스마스, 설날처럼 특별한 날에는 선물을 받기도 하고 쇼핑도 하게 되지. 무언가를 사거나 새로운 물건이 생길 때 미리 수납공간을 확보해 두면 어질러질 걱정이 없어!

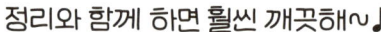

> 정리와 함께 하면 훨씬 깨끗해~♪

청소 습관을 들이자

> 청소라면….
> 지금까지는 할아버지한테 맡겨 뒀는데….

> 그러셨겠죠….
> 아무리 귀엽게 꾸민 공간도 먼지를 뽀얗게 뒤집어쓰면 하나도 귀엽지 않아요. 청소야말로 이상적인 방 만들기에 꼭 필요한 일이죠.

청소는 센스 있는 사람이 되는 지름길!

청소를 하면 좋은 점이 무척 많아! 방이 깨끗해지면 기분이 좋아지는 건 물론이고, 스스로 청소를 하면 작은 곳까지 신경을 쓰게 되니 몸가짐도 더 단정하게 할 수 있지. 센스 있는 사람이 되는 지름길이라고 할 수 있어!

> 청소는 한 번에 다 하려고 하면 힘들어. 3단계로 나눠서 하는 게 좋아!♪

 날마다 '겸사겸사 청소'로 깨끗함을 유지

 주 1회 '꼼꼼하게 청소'로 개운하게

 반년에 한 번 '대청소'도 손쉽게

⭐1 날마다 '겸사겸사 청소'를 습관화하자

이것만 하면 돼!
- ☐ 물건을 집어넣는 김에 쓱쓱
- ☐ 앉은 김에 바닥을 돌돌

〔넣는 김에 쓱쓱〕

물건을 넣을 때 책상이나 책장을 한번 쓱 닦아 주자

책상 위를 치운 김에, 책을 책장에 꽂는 김에 먼지를 한번 쓱 닦는 거야. 이걸 습관화하면 먼지가 쌓이는 걸 막을 수 있어.

걸레가 없어도 물티슈로 닦으면 OK! 손이 닿는 곳에 준비해 두자.

지우개 가루는 바로바로 솔로 쓸어서 청소.

〔앉은 김에 돌돌〕

바닥에 먼지가 보이면 바로 치우자

의외로 눈에 잘 띄는 바닥의 작은 먼지. 눈에 보이면 바로 치우는 습관을 들이자.

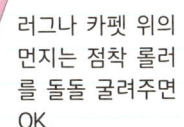

쉽게 꺼낼 수 있는 곳에 자루걸레를 준비하자.

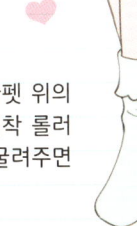

러그나 카펫 위의 먼지는 점착 롤러를 돌돌 굴려주면 OK.

2. '꼼꼼하게 청소'는 주 1회면 OK!

이것만 하면 돼!
- ☐ 먼지 털기
- ☐ 청소기 돌리기
- ☐ 구석구석 닦기

> 제일 먼저 먼지를 털자

먼지는 위쪽부터 털자

'꼼꼼하게 청소'할 때는 모든 가구의 먼지를 털어 내. 먼지는 아래쪽으로 떨어지니까 위에서 아래 순서로 하는 게 기본이야. 창문을 열어 환기를 시키면서 높은 곳에서부터 낮은 곳으로 순서대로 먼지를 털자.

이게 있으면 **편리**해!

전체적으로 털이 달린 먼지떨이는 틈새의 먼지를 털 때 좋아.

> 먼지를 턴 다음에는 청소기를 돌려야 해요.

청소기 돌리는 법

청소기는
힘을 주지 말고 천천히

청소기는 방 안쪽부터 순서대로 돌리는 게 좋아. 청소기 노즐이 바닥의 먼지를 빨아들이는 느낌이 들 정도로만 힘을 주면서 적당한 속도로 밀어주면 먼지를 확실하게 빨아들일 수 있지.

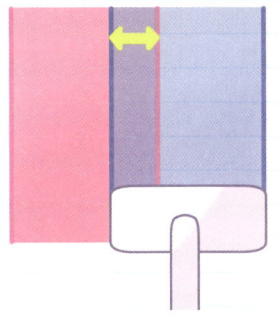

T자형 노즐은 가운데 부분의 흡입력이 높으니까 바닥 공간이 3분의 1 정도 겹치게 밀어주는 게 좋아.

청소기를 돌릴 때는 여기도 잊지 말자!

침대나 책상 아래쪽도 잊지 말자

의자 등 움직일 수 있는 건 한쪽으로 치우고 책상 아래도 확실하게 청소기를 돌리자. 침대 밑도 닿는 범위까지. 닿지 않는 곳은 자루걸레를 이용하는 게 좋아.

소파나 의자 틈새도 꼼꼼하게

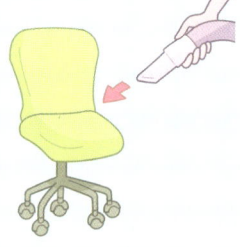

의자 등받이와 바닥 사이의 틈에는 의외로 먼지가 많이 쌓여. 작은 노즐로 먼지를 빨아들이자.

구석은 작은 노즐로

먼지는 방구석에 가장 쉽게 쌓이지. T자형 노즐보다는 작은 노즐이 구석의 먼지를 더 잘 빨아들일 수 있어.

> 마무리는 <u>걸레질</u>

마지막으로
구석구석까지 체크!

평소에는 신경 쓰지 않는 곳이라도 먼지가 금방 쌓이거나 쉽게 더러워지는 곳이 있어. 특히 내 눈높이보다 위에 있는 곳은 놓치기 쉽지. 주 1회 꼼꼼하게 청소할 때는 그런 곳까지 깨끗하게 닦아 내자!

> 손님 눈에는 먼지나 오염이 보일 수도 있을 거야.

> 작은 곳까지 깨끗하게!

마무리 걸레질

☐ **전기 스위치는 더럽지 않니?**
손때가 탄 부분이 있을 거야. 튀어나온 부분에도 먼지가 잘 쌓이니까 주의하자!

여기!

☐ **문손잡이는 깨끗하니?**
자주 만지는 곳이라 손때가 묻기 쉬우니 체크하자.

☐ **창틀에 먼지나 모래가 쌓이지 않았니?**
창문을 닫아 놓아도 작은 먼지가 들어오니까 주 1회는 닦는 게 좋아.

☐ **베이스 보드에 먼지가 쌓이지 않았니?**
바닥에 면한 벽에 널빤지가 붙어 있지? 이 널빤지(베이스 보드) 위에도 먼지가 쌓이기 쉬워.

여기!

반년에 한 번은 '대청소'를 추천

평소 손이 가지 않는 창문과 벽은 대청소하는 날에 닦아 내자. 날마다 '겸사겸사 청소'와 주 1회 '꼼꼼하게 청소'만 잘하면 대청소도 힘들지 않아! 여름과 겨울에 한 번씩 하면 좋겠지.

대청소할 곳

커튼과 커튼레일
커튼은 세탁하고, 커튼레일은 먼지를 턴 다음 물걸레로 닦아 내자.

창문 닦기
창문은 바깥쪽과 안쪽 다 닦아야 해. 클리너를 이용하거나 물걸레질을 하는 등 방법은 여러 가지만 마지막에 물기를 잘 닦는 게 중요해.

※2층 이상의 높은 방은 위험하니까 부모님께 도와달라고 하자.

벽 닦기
벽은 얼핏 깨끗해 보여도 사실은 무척 더러워. 마른 청소포를 와이퍼에 끼워서 위에서 아래 방향으로 벽을 닦아 내자. 벽이 깨끗해지면 방이 한결 환해 보일 거야.

어디서든 깨끗하게!

공유 공간도 깨끗하게 사용하자

뭐? 아무리 그래도 그렇지, 공유 공간은 할아버지나 엄마가 할 일 아닌가…?

그게 무슨 말씀이신가요? 가족이 다 함께 사는 집이니까 다 같이 깨끗하게 쓰는 게 당연하죠!

그렇지! 그 말이 맞아. 사실 나도 그렇게 생각하던 참이라고!

'어디서든 깨끗하게'를 명심하자

깨끗하게 유지하는 능력을 기르려면 내 방뿐만 아니라 '언제 어디서든 깨끗하게'를 명심하자. 청소를 하라는 말이 아니라(해도 좋고!), 먼저 '깨끗하게 쓰기'가 목표야. 어떤 곳이든 '내가 쓴 물건은 스스로 치우기'를 실천해서 가족이 다 함께 기분 좋게 생활할 수 있도록 하자.

머물던 자리가 더러워지지 않았는지 체크하는 습관을 들이도록 해요. 다음 페이지부터 장소별 체크 항목을 소개할 테니 참고하세요.

[Living check!]
거 실 체 크

가족들이 저마다 여러 가지 물건을 가져오니까 어질러지기 쉬운 곳이에요. 자기 물건은 쓰고 나면 꼭 자기 방으로 가져가도록 하세요.

☐ 리모컨은 한곳에 모아 두자
가족이 다 함께 리모컨을 두는 곳을 정해서 그곳에 잘 놓아 두도록 하자.

☐ 내 물건이 어질러져 있지는 않니?
사용한 물건은 제자리에 갖다놓자. 거실에서 할 일이 많다면 내 물건을 수납할 공간을 마련해도 좋아.

☐ 탁자와 소파에 쓰레기는 없니?
나 때문에 생긴 쓰레기는 스스로 버리도록 하자!

☐ 쿠션은 정리했니?
언제 손님이 오더라도 창피하지 않도록 가지런히 정리해 두면 좋아!

[Kitchen&Dining check!]
부 엌 & 식 당 체 크

차나 물을 마신 다음 컵을 아무 곳에나 두지는 않니? 사용한 후에 바로 닦아 제자리에 가져다 놓기만 해도 부모님께서 무척 기뻐할 거야!♪

☐ **음식이나 음료는 냉장고에**
냉장고에서 꺼낸 다음에는 바로 냉장고에 넣어 두자.

☐ **그릇은 원래 위치에 정리했니?**
사용한 그릇은 설거지를 하고, 물기를 닦아서 제자리에 돌려놓기까지 한다면 100점!

☐ **내가 쓴 그릇은 스스로 설거지하자**
그릇은 쓰고 나면 바로 설거지하는 게 기본이야! 시간이 지나면 더 닦기 힘들어져.

☐ **식탁 위에 음식을 흘리지 않았니?**
식탁에서 음식을 먹은 다음에는 행주로 닦도록 하자.

☐ **학교에 가져갈 물건은 준비했니?**
학교에 가져갈 물병이나 수저 등은 직접 설거지하자. 학교 갈 준비도 스스로 해야지!

[Bathroom check!]
욕실 체크

친구네 집에서 자게 될 때 창피하지 않도록 집에서 확실하게 연습해 둬야겠어!

☐ **반신욕 덮개는 걷었니?**

반신욕을 하고 나면 덮개를 걷어서 물기를 말리자.

☐ **샤워기, 수도꼭지는 잘 잠갔니?**

물방울이 똑똑 떨어지지 않는지 확실하게 체크하자!

☐ **벽과 바닥에 거품이 남아 있지 않니?**

벽과 바닥에 샤워기로 물을 뿌려 거품을 씻어 내자.

☐ **욕조가 더럽지 않니?**

욕조 안에 머리카락 등이 남아 있지 않은지 체크! 다음 사람이 깨끗한 상태로 쓸 수 있도록 하자.

☐ **바가지와 의자도 정리하자**

쓰고 아무렇게나 둔 것처럼 보이지 않도록 위치를 정돈하자. 바가지는 엎어 놓는 게 좋아.

☐ **샴푸는 원래 위치에 두었니?**

사용한 샴푸 등은 원래 있던 자리에 두자. 통이 미끈거린다면 물로 씻어 놓자.

[세 면 실 체 크]
Washroom check!

물이 튀기 쉬우니까 그 부분을 꼼꼼히 체크하자! 거울도 깨끗해야 기분이 좋겠지!

☐ **거울에 물이 튀지 않았니?**

양치질이나 세수를 할 때 물이 튈 수 있으니 반드시 체크!

☐ **사용한 물건은 제자리에 두었니?**

칫솔과 컵, 세안제 등은 위치를 정해 놓고, 쓴 다음에는 반드시 제자리에 놓자.

☐ **수도꼭지는 잘 잠갔니?**

덜 잠가서 물방울이 떨어지지 않는지 확인하자.

☐ **마지막으로 바닥의 머리카락 체크**

바닥에 떨어진 머리카락은 쓰레기통에 버리자. 드라이어를 쓰거나 머리 손질을 한 다음에는 반드시 확인하자!

☐ **세면대에 물기나 머리카락이 남아 있지 않니?**

사용한 세면대는 물로 헹궈서 거품 등이 남아 있지 않도록 하자. 물이 튄 곳은 닦고, 머리카락은 쓰레기통에 버리자.

☐ **수건은 가지런하게**

손을 닦고 나서 구깃구깃한 상태로 두면 안 돼! 다음 사람이 쓰기 좋게 정돈하자.

화 장 실 체 크
Toilet check!

다음에 쓸 사람을 생각해서 '늘 깨끗하게 사용하기'를 명심하세요.

□ **물이 튀지 않았니?**

화장실에 달린 세면대는 작아서 물이 튀기 쉬워. 손을 씻고 나면 주위의 물기를 닦자.

□ **바닥은 더럽지 않니?**

물이 튀었거나 머리카락이 떨어져 있지 않은지 확인하자.

□ **수건은 정돈했니?**

손을 닦은 다음에는 수건을 가지런히 정돈하자.

□ **슬리퍼는 가지런하게**

화장실에서 나올 때는 슬리퍼를 가지런하게 정돈하자. 다음에 들어올 사람이 신기 편하도록 말이야.

□ **화장실 휴지를 다 쓰면 교환하자**

화장실 휴지 교환은 다 쓴 사람이 해야 할 일이야! 손님이 올 때는 너무 조금 남아 있지 않은지도 체크해 두자.

□ **변기는 더럽지 않니?**

변기도 쓰고 나면 앉은 부분을 쓱 닦아 줘. 용변이 잘 내려갔는지 확인하는 것도 잊지 말고.

Entrance check! <small>현관 체크</small>

현관은 그 집의 얼굴이라고 할 수 있지! 언제 손님이 와도 창피하지 않도록 깨끗하게 정리해 두자!

☐ **신지 않는 신발은 넣어 놨니?**
현관에는 아무것도 없는 상태가 제일 좋아. 하지만 불편하다면 '한 사람당 한 켤레'라는 식으로 규칙을 정해서 신발을 현관 가장자리에 모아 두자.

☐ **슬리퍼는 제자리에 있니?**
슬리퍼도 평소에는 잘 수납해 두자. 손님이 왔을 때 바로 꺼낼 수 있게 해 두면 좋아.

☐ **우산은 우산꽂이에**
비가 오는 날에도 최대한 현관에 물이 떨어지지 않도록 주의하자.

☐ **흙먼지가 들어오면 쓸어 내자**
현관에 흙이나 먼지가 들어오면 바로 빗자루로 쓸어 내는 게 좋아. 꺼내기 편한 곳에 빗자루가 있으면 좋겠지.

☐ **신발은 가지런하게**
집에서도 신발을 벗으면 가지런하게 정리하는 게 기본 매너야.

Let's try!!
집안일을 해 보자

체리 님, 집안일을 도와 본 적은 있으신가요?

없는데… 설마 나더러…?

맞습니다! 집안일을 해 보죠!
귀찮게 느껴지겠지만 사실 집안일이라는 게 생활에 꼭 필요한 일들이랍니다.
지금부터 익숙해지면 어른이 되어서도 안심!
가족들도 무척 기뻐할 테니 일석이조예요.

그렇겠네. 공유 공간을 체크하는 김에 할 수 있는 일들도 있고….
좋아, 해 볼게!
나라고 못할 거 뭐 있어?!

집안일을 할 때의 마음가짐

1. 가족의 일원으로서 <u>책임감</u>을 가지고 하자
2. <u>꾸준히 지속</u>하는 것이 중요해

다음 페이지부터는 다양한 집안일을 소개할게요.
자, 무엇부터 시작할까요?

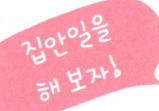

등교 전에 해치울 수 있는
쓰레기 버리기

쓰레기를 버릴 때는 버리러 가기 전의 작업이 중요해. 집 안의 쓰레기를 모으면서 새로운 쓰레기봉투를 각 쓰레기통에 끼워 놓는 것도 그중 하나야. 쓰레기를 수거하는 날은 동네에 따라 다르니까 미리 알아보고 날짜에 맞춰서 내놓도록 하자!

일의 순서는…
1. 집 안의 쓰레기를 모은다
   ▼
2. 쓰레기통에 새 쓰레기봉투를 끼운다
   ▼
3. 쓰레기를 버리러 간다

쓰레기 분리수거에 주의!

쓰레기는 타는 쓰레기, 타지 않는 쓰레기, 재활용 쓰레기 등으로 분리해서 버려야 해. 분리 배출 기준은 지역에 따라 다르니까 지금 사는 동네의 기준을 찾아보도록 하자.

재활용 쓰레기에는 마크가 붙어 있어!

종이팩

알루미늄캔, 철캔

음료수병, 기타 병류

PET, PVC, PP, PS, PSP재질 등의 용기, 포장재

페트

비닐류

쓰레기의 종류

타는 쓰레기	휴지나 천 등 일반 쓰레기
타지 않는 쓰레기	우산 등 금속류와 도자기류 등
재활용 쓰레기	페트병과 종이 박스 등 재활용이 가능한 것
대형 쓰레기	가구 등 크기가 큰 쓰레기
소형 가전	게임기, 메모리 카드, 시계 등
위험한 쓰레기	건전지나 스프레이 캔 등 폭발성이 있는 것이나 칼날 등

집안일을 해 보자!

치우는 김에
설거지

 레벨 ★★

내가 먹은 그릇뿐만 아니라 가족들이 먹은 그릇까지 설거지에 도전해 보자! 기름기는 제거하기 어려우니까 먼저 신문지 등으로 닦은 다음에 씻는 게 좋아. 그릇에 세제 거품이 남아 있거나 미끈거리지 않도록 깨끗하게 헹구자.

일의 순서는...
1. 기름기를 닦아 낸다
　▼
2. 세제로 닦는다
　▼
3. 물로 헹군다

 집안일을 해 보자!

부모님과 함께!
요리

 레벨 ★★★

부모님께 요리를 배우면서 할 수 있는 음식의 가짓수를 늘려 가자! 재료를 썰고 볶는 것 외에 채소를 씻고 다듬는 것처럼 재미없는 작업도 요리의 중요한 과정이야. 즐거운 작업만 골라서 하면 안 돼!

> 쌀 씻기나 식탁 닦기처럼 부분적인 작업을 담당하는 것도 좋지!

내 옷을 정리하는 김에

빨래 개기

레벨 ★★

가족들의 빨래를 걷어서 개고 수납장에 넣는 것까지 해 보는 거야. 조금 손이 가는 일이지만, 학교 끝나고 돌아와 시간 있을 때 하기 쉬운 집안일이야. 빨래를 개면서 수납 장소별로 나눠 두면 넣을 때도 편리하지.

일의 순서는...
1. 빨래를 걷는다
2. 빨래를 갠다
3. 갠 옷을 수납한다

체크하는 김에

공유 공간 청소

레벨 ★★★

거실과 욕실, 화장실, 현관 등 내 방이 아닌 장소의 청소를 해 보자. 먼저 한 곳만 담당 청소 구역을 정하는 것도 좋아. 평소에 어떻게 사용해야 청소가 수월해질지, 평소 생활 모습을 되돌아보는 기회도 될 거야.

> 청소 방법은 집집마다 다르니까 처음에는 부모님께 배우도록 하세요.

이젠 **깔끔함**이 몸에 배었을까?

청소 & 집안일 체크 리스트

청소&집안일을 할 수 있다면 '청결 점수'도 올라가겠지! 평소에 얼마나 잘하고 있는지 체크해 봐. 해당 항목의 점수를 더하면 내 '청결 점수'를 알 수 있어.

청소 능력 체크!

☐ 내 방은 항상 깨끗하다 …… **10점**

☐ 물건을 쓰고 나서 제자리에 놓는다 …… **5점**

☐ 목욕을 한 다음에는 욕실을 깨끗하게 정리하고 나온다 …… **15점**

☐ 신발과 슬리퍼는 항상 가지런하게 놓는다 …… **10점**

☐ 학교에서 쓴 수저나 물통은 스스로 설거지하고 챙긴다 …… **15점**

집안일 능력 체크!

☐ 내가 담당하는 집안일이 있다 …… **5점**

☐ 가족이 부탁하면 정확하게 집안일을 할 수 있다 …… **10점**

☐ 말하지 않아도 스스로 집안일을 한다 …… **15점**

☐ 화장실 청소나 욕실 청소는 혼자서도 할 수 있다 …… **15점**

당신의 **깔끔함 점수는** ☐ **점**

고득점을 노려 봅시다!

4 깨끗한 방을 유지하자

레벨 업 ↗↗ Lesson

친구가 놀러 왔을 때
맞이하는 법 &
파자마 파티 매너

친구를 집에 초대할 때나 친구 집에 초대받았을 때 지켜야 할 매너를 알려 줄게!

휴일의 외출 스타일 Check!

학교 갈 때와는 좀 다르게 꾸며 봐★

상황에 맞는 패션은 스타일의 기본! 친구 집에 간다면 평소와 약간 다르게 꾸며 봐도 좋겠지. 친구 부모님께도 예쁨받을 수 있을 거야!♪

액세서리로 살짝 **멋**을 내 보자!

집에 **초대받았을 때**는 작은 선물을 준비하자. 가방에 넣지 말고 **따로 봉투**에 담아서 가져가는 게 좋아.

친구 집에 갈 때는 **깨끗한 신발과 양말**이 필수야!

친구 맞이하기 매너 1
방 정리는 필수!

현관은…
- ☐ 가족들 신발은 신발장에 넣어 두자
- ☐ 흙이나 먼지는 깨끗하게 쓸어 내자
- ☐ 슬리퍼를 준비해 두자

내 방은 물론 화장실과 세면대도 체크!

모처럼 친구가 놀러 왔으니 기분 좋게 놀다 가면 좋겠지. 내 방을 청소하는 건 물론이고, 화장실과 세면대 등 친구가 쓸 곳도 깨끗하게 청소해 두자!

내 방은…
- ☐ 깨끗하게 정리해 두자
- ☐ 친구가 자고 갈 때는 미리 이불을 말려 두자

다른 곳은…
- ☐ 화장실과 세면대를 깨끗하게 청소하자
- ☐ 젖은 수건은 바꿔 걸어 두자
- ☐ 보이고 싶지 않은 방은 문을 닫아 두자

친구 맞이하기 매너 2
간식 준비는 스스로 하자

친구의 취향에 맞춰서 귀엽게 세팅

친구가 좋아하는 간식을 미리 물어보고 준비해 두자. 과자나 빵 만들기가 특기라면 직접 만들어도 좋겠지! 귀엽게 세팅해 두면 특별한 날처럼 분위기를 낼 수 있어.

선물을 받았다면…

음식이나 음료를 가져왔다면 함께 나눠 먹자!

친구가 선물을 가져왔다면 고맙다는 인사를 하고 가족들에게도 알리자. 과자라면 접시 등에 덜어서 친구와 함께 나눠 먹으면 좋지!

친구 맞이하기 매너 3
웃는 얼굴로 배웅하자

돌아갈 타이밍에도 신경 쓰자

놀다 보면 시간 가는 줄 모르게 되지. 어쩌면 "이제 가 볼게."라는 말을 꺼내기 어려워하는 친구가 있을지도 몰라. 친구가 오면 "몇 시까지 놀 수 있어?"라고 물어보고, 시간이 되면 "시간 괜찮아?"라고 신경을 써 주자. 친구가 돌아갈 때는 집 앞까지 나와서 배웅하도록 해.

친구가 돌아가면…

놓고 간 물건이 없는지 체크하자

친구가 돌아간 다음에는 놓고 간 물건이 없는지 방을 체크하자. 놓고 간 물건이 있다면, 나간 지 얼마 안 된 경우에는 뒤따라가서 전해 줄 수 있겠지. 시간이 좀 지났다면 친구에게 연락해서 돌려줄 날을 정하자.

빠뜨린 거 없이 챙겼는지?

- ☐ 겉옷
- ☐ 모자
- ☐ 핸드폰
- ☐ 시계
- ☐ 책과 문구류
- ☐ 우산

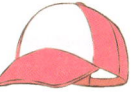

파자마 파티 매너 1
파자마 파티 준비는 철저하게!

'만일'을 위한 준비도 해 두자

친구 집에서 파자마 파티를 하기로 했다면 먼저 부모님께 허락을 받아야 해. 친구 집의 주소와 전화번호를 미리 알려 드리는 것도 중요한 준비야. 준비물은 최소한 가져가면 좋은 것들을 아래 목록에 정리했어. 만일의 경우에 대비해 생리용품도 챙겨 가자.

가져갈 물건 check!

파자마 파티 준비물 리스트

★목욕용품★
- [ ] 수건
- [ ] 잠옷
- [ ] 속옷
- [ ] 빨랫감 넣을 봉투

★세안용품★
- [ ] 수건
- [ ] 클렌징폼
- [ ] 칫솔, 치약
- [ ] 빗&고무줄 등

★기타★
- [ ] 다음 날 입을 옷
- [ ] 생리용품
- [ ] 접이식 우산
- [ ] 지갑
- [ ] 핸드폰
- [ ] 손수건, 티슈
- [ ] 선물

핸드백 등 다른 가방에 넣어 두면 좋아! (지갑, 핸드폰, 손수건, 티슈)

짐 싸는 요령

사용할 순서에 맞춰 차례대로 넣자

가방에 짐을 쌀 때는 사용할 순서를 생각해 봐. 다음 날까지 꺼낼 일이 없는 옷은 가장 아래쪽에, 밤에 바로 사용할 목욕용품은 맨 위쪽에 넣는 식으로 계획에 맞춰서 순서대로 넣어야 편하지.

지갑, 핸드폰, 손수건 등은 작은 가방에!

목욕용품
↓
세안용품
↓
다음 날 입을 옷

선물은 뭘 준비할까?

친구네 가족이 좋아할 만한 것으로

선물은 놀러 가는 친구네 집 가족들에게 감사한 마음을 담아서 드리는 거야. 그러니까 반드시 가족 인원수에 맞춰서 준비하도록 하자. 다 함께 먹을 수 있는 과자를 추천해.

파자마 파티 매너 2
친구 집 규칙을 지키자

친구네 집에서도 청결 유지하기!

아무리 친한 친구라도 매너가 중요해. 다음의 3가지 약속은 반드시 지키자. 집집마다 규칙이 있으니까 그 집의 물건을 쓰고 나서 정리하는 법 등을 친구에게 먼저 확인하도록 하자.

사용한 곳은 깨끗하게 해 놓기
공유 공간은 물론 친구 방도 함께 정리하자. 자고 나면 이불도 잘 개서 한곳에 모아 두는 거야.

아무 방에나 들어가지 않기
용건이 없는 방에는 들어가지 않는 게 매너야. 화장실과 세면실을 쓸 때도 "화장실 좀 쓰겠습니다." 하고 이야기한 다음 쓰도록 하자.

너무 시끄럽게 떠들지 않기
아무리 재미있어도 시끄럽게 떠들면 안 돼! 특히 밤에는 소리가 크게 울리니까 큰 목소리나 발소리를 내면 이웃집에 방해가 될 거야.

파자마 파티 매너 3
가족들에게 예의를 갖추자

친구 부모님과도 대화를 나누자

친구하고만 이야기하고 놀러 간 집의 가족들을 피하는 건 예의가 아니야. 제대로 인사를 하고, 물어보시는 말에는 잘 대답하자. 당연한 일이지만 무척 중요한 매너야.

가족에게 지켜야 할 매너 1

인사는 확실하게!

집에 들어갈 때는 '실례하겠습니다', 식사를 할 때는 '잘 먹겠습니다', '잘 먹었습니다', 자기 전에는 '안녕히 주무세요'라고 확실하게 인사를 하자.

가족에게 지켜야 할 매너 2

할 수 있는 일은 직접 하자

식사 준비나 그릇 나르기, 설거지, 이불 펴기 등 스스로 할 수 있는 일은 직접 하자. 하지만 우리 집과 방법이 다를 수도 있으니까 친구 집의 방식을 알아보고 나서 하는 게 좋겠지.

가족에게 지켜야 할 매너 3

감사 인사를 잊지 말자

친구 부모님이 무언가를 해 주셨을 때는 반드시 감사하다는 인사를 하자. 집에 돌아온 다음에도 바로 감사하다는 전화를 드리면 좋아.

고마워, 체리. 정말 기특하구나!!

정리하는 거 도와드릴게요!

우왕좌왕하던 모습이 없어지고 표정도 당당해졌어!

체리, 요즘에 좀 변했어~

물건을 빠뜨리는 일도 없어졌고 말이야.

저, 정말…?

감수 우다카 유카(宇高有香)

라이프 오거나이저. 심플하고 힘들지 않은 정리 정돈을 제안, 강좌와 컨설팅, 정리 작업을 하는 한편 TV나 잡지 등에서도 활약 중이다.
지은 책에 『아이와 함께 편리하게 정리할 수 있는 방 만들기』(다쓰미출판)가 있다.

옮긴이 김지영

이화여자대학교 국어국문학과를 졸업하고 동대학 통역번역대학원에서 번역학 석사 학위를 받았다. 현재 번역가로 활동하고 있다.
옮긴 책으로는 『고양이의 비밀』, 『요괴의 아이를 돌봐드립니다 1-5권』, 『호빵맨의 탄생』, 『숲의 요정 페어리루 트윙클 스피카와 길 잃은 별똥별』, 『세계의 명작 동화』, 『재미나고 귀여운 만화 따라 그리기』 등이 있다.

■ **일본 제작 스태프**
　표지·만화 이케다 하루카
　일러스트 오우세 메이, 오치아이 토모미, 고카부, 호시노코츠 아리스, 모쿠리
　본문 디자인 이시자카 미츠사토(다이아트 플래닝), 야마우치 나츠미
　표지 디자인 가타부치 료타(H.PP.G)
　편집 주식회사 스리시즌, 다카시마 나오코

＊**참고 도서** <라이프 오거나이즈 교과서> (주부의벗사)

정리 정돈

2022년 5월 25일 초판 1쇄 발행

감　수 우다카 유카
옮긴이 김지영
펴낸이 김병준
펴낸곳 (주)**지경사**
주　소 서울특별시 강남구 논현로 71길 12
전　화 02)557-6351(대표) 02)557-6352(팩스)
등　록 제10-98호(1978. 11. 12)

SHOUGAKUSEI NO SUTEKI RULE SEIRISEITON INTERIOR BOOK
©SHINSEI Publishing Co., Ltd. 2019
Originally published in Japan in 2019 by SHINSEI Publishing Co., Ltd., TOKYO.
Korean Characters translation rights arranged with SHINSEI Publishing Co., Ltd., TOKYO
through TOHAN CORPORATION, TOKYO and EntersKorea Co., Ltd., SEOUL.

이 책의 한국어판 저작권은 (주)엔터스코리아를 통해 저작권자와 독점 계약한 (주)지경사에 있습니다.
저작권법에 의하여 한국 내에서 보호를 받는 저작물이므로 무단전재와 무단복제를 금합니다.

편집 책임 한은선 | **국내 디자인** 이수연
ISBN 978-89-319-3400-7　73590
잘못 만들어진 책은 구입하신 곳에서 바꾸어 드립니다.

특별 부록
인테리어 라벨

마음에 드는 라벨을 잘라 서랍이나 수납 상자에 붙여 봐. 라벨 뒷부분의 무늬도 귀여워서 액자에 넣어 장식하거나 소품 만들기에 활용해도 좋아.

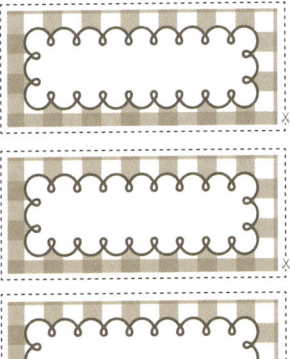

〈자르는 선〉

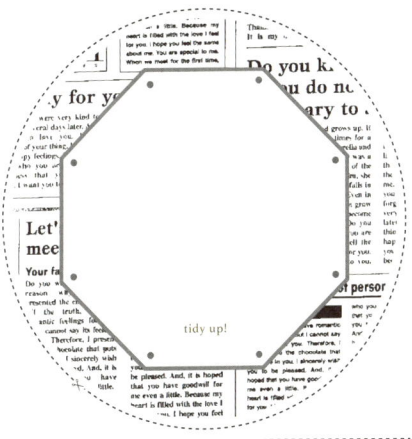

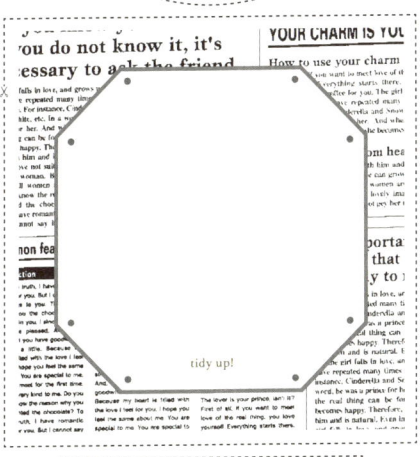

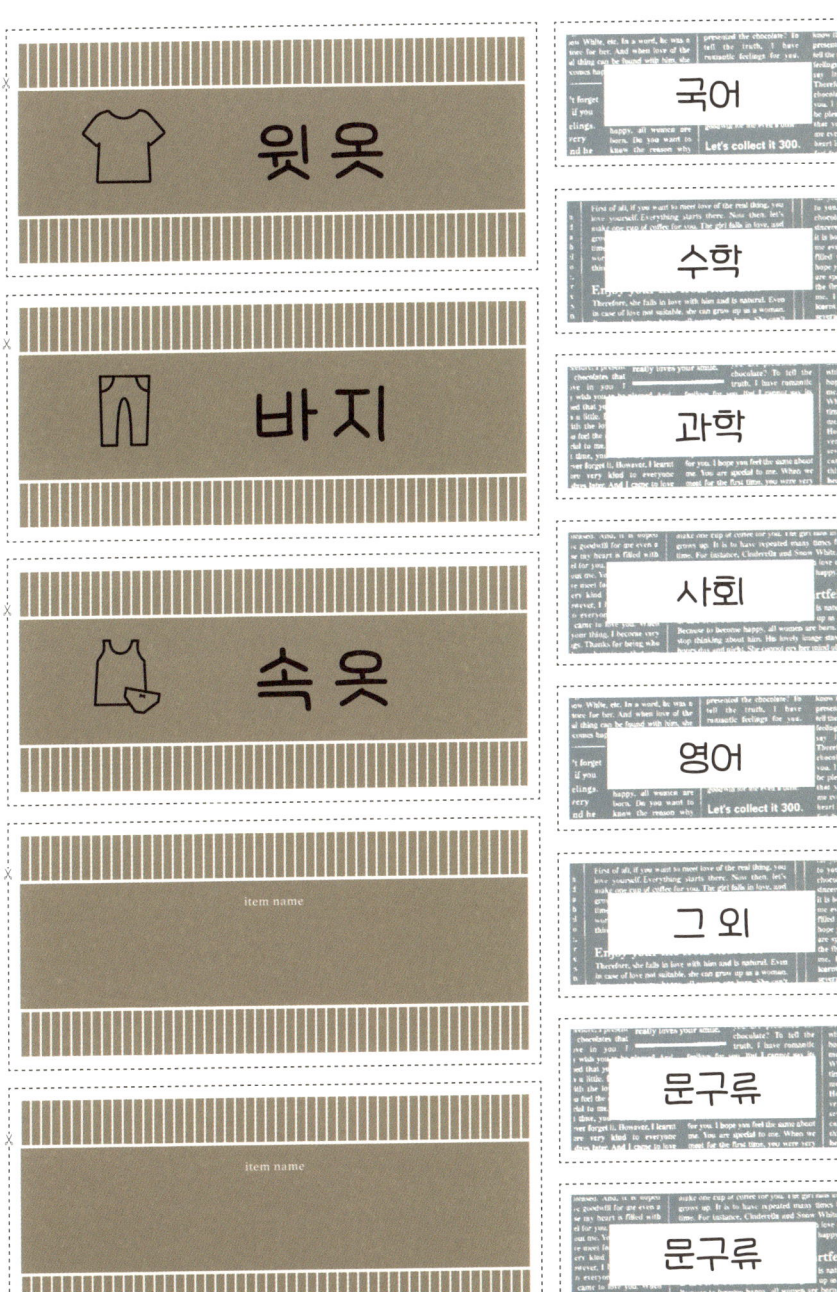